LES VORACES

DU MÊME AUTEUR

Les Intouchables d'État, Robert Laffont, 2018 ; J'ai Lu, 2019

La Face cachée du Quai d'Orsay, Robert Laffont, 2016 ; J'ai Lu, 2017

L'Amérique contre de Gaulle. Histoire secrète 1961-1969, Seuil, 2000

VINCENT JAUVERT

LES VORACES

Robert
Laffont

ISBN 978-2-221-22018-4
Dépôt légal : janvier 2020

À Janine
À Mireille
À Daniel

« Vorace : au figuré, avide, insatiable. »

Servir ou se servir

Jean-Jacques Rousseau nous a mis en garde : « Rien n'est plus dangereux, écrit-il dans *Du contrat social*, que l'influence des intérêts privés dans les affaires publiques. »

Nous y sommes.

Fascinées par le train de vie toujours plus flamboyant des P-DG du CAC 40, encouragées par l'exemple des gouvernants d'aujourd'hui qui ont fait fortune dans le privé, nos élites politico-administratives se sont engagées dans une course effrénée à l'argent.

Si bien que, depuis plusieurs années, et singulièrement depuis l'élection d'Emmanuel Macron, nos grands élus et nos hauts fonctionnaires semblent de plus en plus souvent avoir oublié leur mission : servir l'État et le peuple.

Insatiables, ils veulent toujours plus de primes, d'indemnités, d'honoraires, de jetons de présence... Au risque de négliger l'intérêt général, au profit du leur.

Bien sûr, l'establishment politico-administratif n'a pas cédé dans son ensemble à cette frénésie. Un grand nombre de responsables ne font pas passer leurs intérêts avant ceux de la nation.

Mais cette réalité obsédante – nos élites sont devenues voraces – l'emporte chaque jour davantage.

Des ministres d'Édouard Philippe qui ont accumulé des fortunes dans leurs allers-retours entre le public et le privé et qui ont bénéficié personnellement de la suppression de l'impôt de solidarité sur la fortune (ISF) décidée par le gouvernement auquel ils appartiennent.

Des femmes et des hommes politiques qu'Emmanuel Macron récompense, en coulisses, pour avoir changé de camp, avec des jobs rémunérés parfois plus de 200 000 euros par an.

Des anciens ministres de droite comme de gauche – et non des moindres – qui vendent leur carnet d'adresses au plus offrant et deviennent, à prix d'or, de vulgaires lobbyistes.

D'autres qui rentabilisent leurs réseaux en montant des fonds d'investissement, parfois aux limites de la loi.

D'autres encore qui veulent siéger dans des conseils d'administration de grands groupes afin de toucher quelques dizaines de milliers d'euros, en dépit parfois de conflits d'intérêts.

Des maires de grandes villes de province qui cherchent des emplois bien rémunérés à Paris, en délaissant sans états d'âme leur mandat de premier magistrat.

Des hauts fonctionnaires qui, en catimini, cumulent leur salaire dans un emploi public avec des indemnités d'élus, percevant de la sorte jusqu'à 400 000 euros par an.

De grands commis de l'État qui, ayant occupé des postes parmi les plus prestigieux de la République, « pantouflent » dans les entreprises qu'ils ont auparavant contrôlées.

Et bien d'autres encore…

Discours populiste ? Au contraire : une mise en garde démocratique, nourrie par les faits, seulement les faits. Qui, eux-mêmes, nourrissent, sans nul doute, la défiance des Français envers leurs élites.

C'est pourquoi il faut soutenir ces parlementaires, de gauche comme de droite, qui régulièrement proposent des lois imposant plus de transparence sur les rémunérations, plus de conditions restrictives au pantouflage, plus de limites au lobbying. Une grande partie de l'establishment et de l'appareil d'État leur résiste – avec succès.

Cette obstruction doit cesser. Sinon le risque est grand de voir grandir encore le sentiment de frustration et d'injustice. Jusqu'au jour où la colère finira par l'emporter.

1

Toujours plus

Ce professionnel de la politique, ami d'Édouard Philippe, m'a donné rendez-vous dans un fast-food de La Défense, où il travaille désormais, au pied de la tour Ariane. Costume gris, doudoune Uniqlo, Benoist Apparu arrive un peu tendu. L'ancien ministre du Logement de Nicolas Sarkozy sait que nous allons évoquer le poste qu'il vient d'accepter dans le privé – et donc son salaire très confortable de 200 000 euros par an[1] – alors qu'il est toujours maire d'une grande ville en souffrance, Châlons-en-Champagne.

Le non-cumul et la chasse au fric

Nous commençons par discuter d'action publique. L'ex-porte-parole d'Alain Juppé, qui a appelé à voter pour Emmanuel Macron au second tour de la

1. Déclaration de Benoist Apparu à la Haute Autorité pour la transparence de la vie publique (HATVP) du 23 juin 2017.

présidentielle, se détend. Il discourt avec fougue de la fracture territoriale, de la disparition de l'État en province, dans sa ville en particulier, dont il est l'édile depuis 2014.

« À peine étais-je élu qu'on annonce deux réformes catastrophiques pour Châlons, raconte-t-il[1]. D'abord, la fermeture de la caserne – et la suppression des emplois qui allaient avec. Puis la ville perd son statut de capitale régionale, et donc des centaines d'autres emplois encore. » Il reprend un café et poursuit : « Furieux, je vais me plaindre auprès du secrétaire général de l'Élysée de l'époque, Jean-Pierre Jouyet, avec lequel j'étais dans le gouvernement Fillon. Quand je lui explique la situation, je le vois se décomposer. Personne au sommet de l'État n'avait pensé à coordonner ces deux réformes, militaire et territoriale ! Et il était trop tard pour revenir en arrière ! » Un autre sujet lui tient à cœur : la vraie carte du pouvoir d'achat. Il en a même parlé au président Macron quand celui-ci est venu dans sa ville. « Avec 2000 euros par mois, il est très difficile de vivre à Paris, assure-t-il. Mais, avec la même somme, à Châlons, on peut partir en vacances et même acheter un appartement. »

La discussion en vient naturellement à ses revenus. L'échange va révéler, si besoin est, l'abîme plus

1. Rencontre avec l'auteur, le 17 avril 2019.

profond que jamais qui sépare l'ancien ministre – et la quasi-totalité de la classe dirigeante française – de nos concitoyens ordinaires.

« Comme maire de Châlons, je gagne 2480 euros net par mois, ce n'est pas assez, ce n'est pas un vrai salaire », peste-t-il sans se rendre compte qu'il vient de dire exactement le contraire. Je le lui fais remarquer. « Oui, mais moi, jusqu'en 2017, j'avais un niveau de vie de député maire, s'enflamme-t-il, je gagnais plus de 10000 euros net en incluant l'IRFM[1]. Passer, du jour au lendemain, à 2400, ce n'est pas possible. D'autant moins que j'ai acheté un appartement à Paris dont je dois payer les traites ! C'est pour cela que j'ai accepté ce job ici à 200000 euros chez In'Li [le numéro un du logement intermédiaire en Île-de-France]. » Les mauvaises langues assurent qu'en réalité il s'agit là d'un lot de consolation déniché par son copain Édouard Philippe qui n'a pas pu le nommer ministre... Lui affirme qu'il a refusé d'autres propositions mieux rémunérées encore.

Comment fait Benoist Apparu pour être à la fois maire de Châlons et patron d'une société de 300 personnes installée à La Défense ? « Du lundi au

1. IRFM, indemnité représentative de frais de mandat : 5300 euros qui servaient théoriquement aux parlementaires à couvrir leurs frais de représentation. À cause des abus, elle a été remplacée en janvier 2018 par l'avance de frais de mandat (AFM) qui doit désormais faire l'objet de justificatifs.

jeudi, je suis ici, en région parisienne, répond le quinquagénaire. Le reste de la semaine, je travaille à Châlons.» Trois jours, est-ce suffisant pour administrer une ville de 45 000 habitants ? «Je me repose sur mes adjoints, mon directeur général des services et mon directeur de cabinet. Mais fais-je tout bien ? Très probablement pas, répond-il franchement. Les électeurs trancheront.»

Ce n'a pas l'air de l'inquiéter. La vie de cadre dirigeant, avec ses privilèges parfois exorbitants, semble désormais l'attirer bien davantage que ce monde politique local si ingrat et qui paye si mal. Il aimerait toutefois continuer à y garder un pied afin de conserver une chance de revenir, un jour, sous les ors de la République.

«Deux cent mille euros ! Sacré Benoist ! Et dire que la dernière fois que nous avons pris un café, c'est moi qui ai payé l'addition[1]», s'esclaffe Christophe Béchu, maire d'Angers. Lui est moins gâté, mais tout de même. En juin 2017, après l'entrée en vigueur de la loi sur le non-cumul des mandats, cet élu Les Républicains (LR) renonce à son mandat de sénateur et aux indemnités qui l'accompagnent. Pour compenser, il décide en septembre de faire voter une augmentation de ses émoluments à la mairie de 3 000 à 5 000 euros brut. Comme il est

1. Rencontre avec l'auteur, le 27 avril 2019.

président de l'agglomération, il perçoit de nouveau le maximum pour un élu, soit 8 500 euros brut par mois[1]. Mais finie, l'IRFM, puisqu'il n'est plus parlementaire. Heureusement, l'occasion de compenser cette perte de revenus se présente bientôt, comme par miracle. En décembre 2017, cet autre proche d'Édouard Philippe démissionne des Républicains pour soutenir le parti présidentiel, La République en marche (LREM). Et voilà que, quelques mois plus tard, Emmanuel Macron lui offre la présidence de l'Agence de financement des infrastructures de transport de France (Afitf), dont le siège est aussi à La Défense. Un job payé 42 000 euros brut par an. Si bien que, au total, Christophe Béchu perçoit désormais 12 000 euros brut par mois.

« L'Afitf m'occupe en gros deux jours par semaine, mais je ne vole pas ce temps à Angers : je travaille bien plus que trente-cinq heures », explique ce quadragénaire en jean dans son bureau de premier magistrat, en face du jardin du Mail, au centre de la ville. À l'évidence, le sujet l'intéresse. D'ailleurs, il retrace avec humour les aléas rocambolesques de l'Afitf, une agence fort malmenée par tous les

1. Depuis une loi de 1992, les élus ne peuvent pas percevoir un total d'indemnités d'élu supérieur à une fois et demie celles d'un député. Au-delà, il y a « écrêtement », c'est-à-dire que les sommes au-delà de ce maximum autorisé ne sont pas perçues par les intéressés mais reversés à la collectivité territoriale dont ils font partie.

pouvoirs publics depuis sa création, en 2004. Un exemple : « Vous vous souvenez de l'histoire de l'écotaxe qui devait peser sur les transporteurs routiers ? Eh bien, ce prélèvement était censé nourrir les caisses de l'Afitf afin que celle-ci finance de grands projets d'infrastructures de transports. Or, suite aux manifestations des Bonnets rouges en Bretagne, l'écotaxe a été annulée par Ségolène Royal et l'agence n'a donc rien perçu. Pire, il a fallu indemniser le consortium privé Ecomouv qui devait monter toute l'opération. À qui Bercy a-t-il demandé de régler, en 2018, cette indemnité de 347 millions d'euros ? À l'Afitf ! C'est plutôt comique, non ? »

Mais il y a aussi l'intérêt sonnant et trébuchant du job. « Quand on m'a proposé ce poste, je m'apprêtais à prendre une activité d'avocat en plus de mon mandat de maire, raconte-t-il. Je fais de la politique depuis l'âge de vingt-neuf ans. Du coup, comme je ne suis pas énarque, je n'ai pas une retraite de haut fonctionnaire qui m'attend. C'est pour cela aussi que j'ai accepté, même si au final je ne touche que 3 000 euros net par mois de l'agence. » D'autres sont beaucoup plus gourmands, en effet.

La chasse au fric. C'est l'un des effets pervers de la loi sur le non-cumul des mandats. Depuis juin 2017, un parlementaire n'a plus le droit de diriger un exécutif local[1]. Il doit choisir. Fini ces dizaines de députés et maires ou sénateurs et maires qui, à l'instar de Benoist Apparu et Christophe Béchu, percevaient plus de 10 000 euros par mois d'indemnités et d'IRFM.

Alors, pour compenser cette perte de revenus – et parce que le niveau de vie des autres élites qu'ils côtoient a progressé de façon exponentielle ces dernières années –, beaucoup de grands élus et d'anciens responsables politiques de premier plan partent à la chasse au fric. Avec des méthodes parfois discutables.

François Baroin on board

Comme souvent, l'exemple de la gloutonnerie est venu d'en haut. François Baroin a renoncé à son mandat de sénateur pour demeurer édile de Troyes et président de la métropole, une agglomération de 170 000 habitants.

Afin de conserver une visibilité nationale, l'ancien ministre de Chirac et de Sarkozy continue donc de diriger, à Paris, la puissante Association des maires de France. Depuis octobre 2019, il est aussi membre du comité stratégique de LR, présidé par son ami Christian Jacob. De quoi l'occuper à temps plein.

1. Maire, président de conseil départemental, régional…

Ses indemnités d'élu – 8 500 euros brut par mois, le maximum autorisé – représentent plusieurs Smic. Mais là n'est pas l'essentiel de sa rémunération. Loin de là.

Depuis plusieurs années, François Baroin est aussi avocat, toujours à Paris. Sa notoriété aidant, ses affaires se portent très bien. En 2015, il a touché 183 000 euros net de son activité juridique, 171 000 en 2016 et 125 000 l'année suivante. En 2018, il s'associe avec le célèbre avocat Francis Szpiner. L'ancien défenseur de Jacques Chirac et d'Alain Juppé lui offre un fixe de 7 500 euros net par mois plus une participation aux bénéfices[1]. Mais ce n'est pas tout.

La même année, en mars, l'ancien ministre de la République est recruté par la banque d'affaires britannique Barclays. Officiellement, il sera « conseiller extérieur ». « Je ne deviens pas banquier. J'apporterai une vision stratégique aux clients français et internationaux de la banque », assure-t-il aux *Échos*[2]. En clair, il sera le « VRP de luxe » de la banque, raille le quotidien économique. On ne connaît pas ses émoluments. Ils sont probablement élevés. La Barclays entend redevenir un acteur majeur des fusions-acquisitions en France. C'est plutôt bien parti. *Le Canard*

1. Déclaration d'intérêts à la HATVP de François Baroin en date du 28 mars 2019.

2. *Les Échos* du 6 mars 2018.

enchaîné a révélé que, juste après l'embauche de l'ancien ministre des Finances de Nicolas Sarkozy, la banque d'affaires a décroché un marché important à Bercy : elle est devenue la banque conseil de l'Agence des participations de l'État pour la fusion entre Naval Group et Fincantieri. Un hasard, sans doute[1].

Mais là encore, ce n'est pas tout. En décembre 2017, François Baroin entre au conseil d'administration de la compagnie belge Sea-Invest Corporation, l'un des principaux opérateurs de terminaux portuaires au monde. Il devient administrateur de trois de ses filiales, Sea-Tank International, Sea-Invest Africa et Sea-Invest France. Au total, pour le seul mois de décembre 2017, il percevra de ces trois sociétés 13 500 euros net de jetons de présence[2]. À Troyes, cet énième boulot du maire exaspère. On dit qu'il ne vient pas souvent dans l'Aube, qu'il laisse ses adjoints faire le boulot. Et même si le play-boy de la droite, à la fois qualifié de dilettante par les uns et de présidentiable par les autres, est charmant, là c'en est trop. Le quotidien de la ville, *L'Est Éclair*, grogne[3]. Sea-Invest a recruté le président de l'AMF, s'indigne-t-il, « pour cultiver ses relations avec les élus locaux [...] des grands

1. *Le Canard enchaîné* du 21 mars 2018.
2. Déclaration d'intérêts de François Baroin à la HATVP du 28 mars 2019.
3. *L'Est Éclair* du 1er février 2019.

ports». Une accusation embarrassante à quelques mois des élections municipales.

Comprenant le danger, François Baroin demande à son associé et ami Francis Szpiner de répondre au journal[1]. Aussitôt dit, aussitôt fait. On apprend donc que le maire de Troyes est entré au conseil d'administration d'un opérateur portuaire «tout simplement parce qu'à un moment donné, dans notre vie professionnelle d'avocat, il est intéressant de voir comment fonctionne une entreprise», certifie maître Szpiner comme si François Baroin faisait là son stage d'observation de troisième.

Sea-Invest profite-t-elle du poids du patron des maires de France? L'avocat commence par une réponse des plus anodines : «Une société prend dans son conseil d'administration une personne pour sa qualité, son expérience, son parcours professionnel.» Mais, prudent, il ajoute : «Étant élu, il a encore des comptes à rendre à la HATVP[2] [qui] veille à ce qu'il n'y ait pas de conflit d'intérêts. En la matière il n'y en a aucun.» Nous voilà rassurés.

1. *Ibid.*

2. Haute Autorité pour la transparence de la vie publique (HATVP), autorité administrative indépendante créée par la loi relative à la transparence de la vie publique du 11 octobre 2013 en remplacement de la Commission pour la transparence financière de la vie politique.

Enfin, comment François Baroin est-il devenu administrateur de Sea-Invest ? « À un moment donné, quelqu'un vous a repéré et vous demande si cela vous intéresse », répond maître Szpiner comme s'il s'adressait à des collégiens. « Ce n'est pas comme un homme politique qui vend son carnet d'adresses », tient-il toutefois à préciser. On n'est pas forcé de le croire.

Les réseaux des ministres, bien utiles pour le privé

Siéger dans le conseil d'administration d'une grande société, c'est le graal pour qui veut gagner rapidement de l'argent (plus de 85 000 euros annuels en moyenne, chiffre en constante augmentation[1]) sans travailler outre mesure, tout au plus quelques dizaines d'heures… par an. L'un des premiers responsables politiques à l'avoir – discrètement – fait est l'ancien ministre des Affaires étrangères Hubert Védrine.

Dès 2004, deux ans à peine après avoir quitté le Quai d'Orsay, il se retrouve au conseil d'administration de LVMH, le premier groupe mondial du luxe où il siège notamment aux côtés de Bernadette Chirac. On ne connaît ses jetons de présence[2] que pour les années 2017 et 2018 : 56 000 euros et 60 000 euros. On se demande ce que la HATVP, si

1. Cabinet Spencer Stuart, *Board Index*.
2. Document de référence 2018 de LVMH.

elle avait existé en 2004, aurait dit de ce pantouflage très rapide…

Mais l'homme politique le plus célèbre à avoir fait son entrée dans un *board* est évidemment Nicolas Sarkozy. Trois mois après sa défaite à la primaire de la droite en 2016, et alors qu'il perçoit 6000 euros par mois en tant qu'ancien président de la République et dispose d'un grand bureau rue de Miromesnil, de trois assistants ainsi que d'un chauffeur, le tout payé par l'État, l'ex-président de la République devient administrateur du groupe hôtelier Accor.

Officiellement il est choisi pour son indépendance et « son expertise internationale ». Et tant pis d'ailleurs si le cabinet d'avocats d'affaires Claude et Sarkozy, dont il est l'un des trois associés, est employé par la société, ce qui laisse planer un doute sur sa qualité d'administrateur indépendant. La première année, en 2017, l'ex-chef de l'État perçoit 86000 euros de jetons de présence. La deuxième, 79 000. Pour une douzaine de séances de quatre heures[1]. On comprend que Nicolas Sarkozy y ait pris goût. En avril 2019, il entre au conseil d'administration des casinos Barrière. Il faut dire que cette société est propriétaire du célèbre restaurant Fouquet's, sur les Champs-Élysées, où le président élu est allé célébrer sa victoire en mai 2007. Autre détail piquant : l'ancien chef de l'État siégera, entre autres, avec l'homme

1. Documents de référence 2017 et 2018 du groupe Accor.

d'affaires Marc Ladreit de Lacharrière, condamné à huit mois de prison avec sursis en 2018 pour abus de biens sociaux : il avait fourni, dans *La Revue des deux mondes*, qui lui appartient, un emploi de complaisance à Penelope Fillon, l'épouse du vainqueur de la primaire de la droite.

Moins célèbre, Dominique Bussereau, ancien leader des Jeunes Giscardiens, a sauté le pas en 2012, l'année de la défaite de Nicolas Sarkozy, dont il avait été le ministre des Transports. « Cette année-là, alors que j'étais redevenu député, j'ai été contacté par Jacques Saadé pour entrer au conseil d'administration de sa compagnie de fret maritime, la troisième au monde, CGM », explique ce sexagénaire un peu rond dans son bureau de président de l'Assemblée des départements de France, près du jardin du Luxembourg à Paris. N'y avait-il pas là un conflit d'intérêts flagrant puisque, deux ans auparavant, il s'occupait encore des transports au gouvernement ?

« J'ai consulté le déontologue de l'Assemblée nationale, Jean Gicquel, qui avait été mon professeur de droit à Sciences Po. Il m'a donné un avis favorable. J'ai interrogé aussi mon successeur au ministère des Transports, Frédéric Cuvillier, qui m'a aussi donné son quitus. J'avais une sorte d'autorité morale sur le sujet, l'État était donc plutôt content que je devienne administrateur de la CGM », assure-t-il[1].

1. Entretien avec l'auteur le 25 septembre 2019.

En tout cas, de 2012 à 2018, il a perçu entre 10000 et 15000 euros de jetons de présence par an. En 2018, il a été nommé censeur du conseil d'administration, mission pour laquelle il a été rémunéré 30095 euros en 2018 et 23000 euros pour les neuf premiers mois de 2019[1]. Ce mordu de transport qui est abonné à toutes les revues sur le sujet va bientôt entrer au conseil de surveillance d'une autre compagnie du secteur. « C'est une boîte qui gère des infrastructures de petits et moyens aéroports, genre Châteauroux, et des ports type Bayonne, Sète, Lorient… », explique celui qui préside le département de Charente-Maritime. En outre cet élu vient d'accepter un contrat de *senior advisor*, toujours dans les transports, avec le grand cabinet de conseil Roland Berger. « Dans tous les cas, tient-il à souligner, je signe une charte déontologique qui empêche le mélange des genres. Il y est dit que, quand il est question de Charente-Maritime, je me déporte. »

Dominique Bussereau assure qu'il n'est pas un vorace. « Je ne fais pas cela pour de l'argent, argue-t-il. Je touche déjà une bonne pension de retraite, le maximum auquel un député ancien ministre peut prétendre : 5000 euros net par mois. Mais, en mars 2021, j'aurai soixante-neuf ans, je ne me représenterai pas à la présidence de mon département, et je

1. Déclaration de Dominique Bussereau à la HATVP le 21 octobre 2019.

veux rester actif. » Reste que, pour les neuf premiers mois de 2019, il a perçu, outre ses divers jetons de présence, 48 362 euros du cabinet Roland Berger *via* sa société Charbus Conseil[1].

Son ami Jean-Pierre Raffarin lui a emboîté le pas en 2017. Après la déroute de la droite à l'élection présidentielle, l'ancien Premier ministre de Jacques Chirac annonce qu'il quitte la politique, puis devient, dans la foulée, administrateur de la filiale du groupe français Plastic Omnium à Shanghai. L'équipementier automobile compte doubler rapidement ses ventes dans l'empire du Milieu. Les réseaux que l'ancien locataire de Matignon y a patiemment tissés seront certainement très précieux.

Un autre ancien ministre a un faible pour le monde des affaires chinois : l'ancien député socialiste de Paris et ex-patron du Parti socialiste (PS) dans la capitale, Jean-Marie Le Guen. Lui n'a pas totalement quitté la vie politique, puisqu'il est toujours conseiller de Paris, fonction pour laquelle il perçoit une indemnité de 4 800 euros brut par mois. Mais dès que la LREM lui a refusé une investiture à Paris en 2017, il a rejoint le conseil d'administration de deux sociétés suisses, Swissport et Gate Holding, elles-mêmes filiales d'un conglomérat chinois, HNA, qui, en avril 2019, a revendu ses parts à un autre

1. Déclaration à la HATVP du 21 octobre 2019.

conglomérat asiatique, RRJ Capital. On ne sait combien l'ancien député socialiste perçoit de jetons de présence, mais on peut supposer qu'ils complètent avantageusement ses indemnités de conseiller de Paris.

La voracité n'a pas de couleur

Certains de ses collègues des gouvernements Hollande ont choisi, eux, de devenir avocats d'affaires. Et d'abord, le premier d'entre eux, Bernard Cazeneuve, désormais sauveur putatif du PS. Celui-ci a été recruté par l'un des plus grands cabinets de la place August-Debouzy, où il avait déjà travaillé au milieu des années 2000 comme associé pour son département contentieux. C'est une première historique, qui reflète parfaitement l'époque. Jamais, au cours de la Ve République, un Premier ministre n'avait rejoint aussi vite le privé. Dans son cas, immédiatement après avoir quitté ses fonctions.

Les négociations d'embauche entre le grand cabinet et le dernier Premier ministre de François Hollande ont même lieu avant que Bernard Cazeneuve ne quitte Matignon. La preuve : il a saisi la HATVP le 2 mai 2017, soit treize jours avant sa démission… Cette antériorité n'a cependant pas empêché l'autorité de déontologie de lui donner son quitus[1], à plusieurs

1. Délibération 2017-80 du 7 juin 2017.

réserves près, qui limitent grandement le champ d'action de l'intéressé – des réserves que celui-ci devra respecter jusqu'au 15 mai 2020, c'est à dire trois ans après son départ de Matignon. Pendant cette période, « M. Cazeneuve, écrit la HATVP, ne pourra réaliser des prestations, de quelque nature que ce soit, pour l'ensemble des administrations d'État sur lesquelles il avait autorité en tant que Premier ministre. » Autrement dit, quasiment toutes. De même, il « devra s'abstenir de toute démarche, pour le compte des clients du cabinet August et Debouzy, auprès des autres ministres avec lesquels il a siégé au gouvernement [...] et auprès des administrations qui étaient placées sous son autorité ». Enfin, il « ne devra pas se prévaloir, dans le cadre de son activité, de sa qualité d'ancien ministre de l'Intérieur ou de Premier ministre ».

Comme on va le voir, Bernard Cazeneuve m'a assuré qu'il respecte à la lettre ces limitations, qu'il n'intervient que sur des sujets de conformité et d'anticorruption. Mais, le 16 mai 2020, ces réserves sauteront et, dès lors, l'ancien chef du gouvernement pourra démarcher, pour le compte d'August Debouzy, qui il veut au sein de l'État. Un avantage considérable pour le cabinet.

Une question m'intriguait. Juste avant de quitter Matignon, Bernard Cazeneuve a cosigné un décret d'application de la loi Sapin 2 sur les lobbies, qui concerne notamment les avocats d'affaires. Or ce texte, très controversé, est beaucoup moins rigoureux que les députés socialistes ne l'espéraient. Même la HATVP, d'ordinaire très discrète, s'en est publiquement plainte dans son rapport annuel 2017. Elle y dénonce des « exigences extrêmement réduites », une « volonté du législateur affaiblie » et une « restriction excessive du dispositif ».

Le décret en question stipule que les représentants d'intérêts doivent désormais s'inscrire dans un registre tenu par la HATVP et déclarer chacune de leurs actions auprès des ministères et des parlementaires. Mais il précise qu'ils ne sont tenus de ne le faire que l'année suivant l'action de lobbying, et surtout sans avoir à nommer les personnes visitées. Autrement dit, ce texte ne permet pas un contrôle effectif de l'activité si sensible et si lucrative. En outre, un cabinet ne doit s'enregistrer comme représentant d'intérêts que si l'activité de lobbying représente plus de la moitié de son temps de travail. Autrement dit, *exit* donc beaucoup de banquiers et d'avocats d'affaires qui font du lobbying mais seulement à temps partiel…

Ainsi émasculé, le décret a été signé par le Premier ministre Cazeneuve le 9 mai 2017, soit une semaine après qu'il a demandé l'autorisation de pantoufler chez August-Debouzy. Or l'un des deux créateurs du cabinet, Gilles August, apparaît dans les statuts de l'Association des avocats lobbyistes comme l'un des fondateurs du groupement. Et sur sa page

LinkedIn telle que je l'ai consultée le 18 novembre 2019, il est noté que « August Debouzy offre aux entreprises des compétences de pointe tant en droit des affaires qu'en droit public et en matière de lobbying ». Et il est précisé que « l'équipe du cabinet est constituée d'avocats aux profils atypiques ayant des expériences très diverses des plus hautes fonctions : ex-chefs d'entreprise, anciens ministres et ambassadeurs, hauts fonctionnaires etc. Cette richesse de profils a construit la griffe du cabinet : des experts pour offrir à ses clients plus que du droit ». Ce décret qui réduit les obligations des lobbyistes par rapport aux souhaits du législateur aurait-il favorisé le futur employeur de Bernard Cazeneuve ? Pour m'expliquer pourquoi, selon lui, la réponse est négative, l'ancien Premier ministre m'a téléphoné. Voici l'essentiel de notre échange.

Bernard Cazeneuve[1] m'assure qu'il a bien signé ce décret mais qu'il ne s'est jamais mêlé, ni de près ni de loin, de sa rédaction. Il certifie que les « bleus » des réunions interministérielles sur le sujet en témoignent. Et que si, par hasard, son nom y apparaissait, je devrais l'appeler. » « Merci, lui ai-je répondu, mais je n'ai pas accès à ces “bleus”, ils ne sont pas publics... »

Il ajoute que, de toute façon, August-Debouzy n'est pas concerné par ce décret puisque le cabinet

1. Entretien téléphonique avec l'auteur le 16 octobre 2019.

ne fait plus de lobbying et que, de ce fait, il n'est pas inscrit comme tel dans le répertoire de la HATVP. «Pourtant, lui ai-je répondu, Gilles August apparaît dans les statuts de l'association des avocats lobbyistes comme l'un des trois premiers vice-présidents...» Il dit ne pas être au courant de cela et qu'en ce qui le concerne, depuis qu'il travaille dans ce cabinet il n'a jamais fait de lobbying auprès d'une administration. Pas une seule fois. Et qu'il n'intervient que sur les sujets de conformité et d'anticorruption.

Confirmant les dires de l'ancien Premier ministre, le porte-parole d'August Debouzy assure que le cabinet «n'exerce aucune activité de lobbying». Il ajoute : «Nous sommes sortis de l'association des Avocats lobbyistes bien avant l'arrivée de Bernard Cazeneuve.» Lorsque je lui indique le contenu de la page LinkedIn de son fondateur, Gilles August, le même porte-parole me répond : «Il est possible que nous ayons omis de supprimer la mention lobbying dans nos communications [...]. Je vous remercie d'avoir attiré mon attention sur la bio LinkedIn de Gilles August, qui n'est pas à jour.» Quelques heures après, celle-ci sera modifiée, et tout ce qui concerne le lobbying supprimé. J'ai enfin demandé[1] au porte-parole quand exactement son cabinet avait arrêté toute activité de lobbying. Il ne m'a pas encore répondu.

1. E-mail de l'auteur au porte-parole de August Debouzy du 18 novembre 2019.

Même l'auteur de la loi anticorruption, Michel Sapin, a fini par céder aux sirènes du pantouflage. Et rejoindre un cabinet d'avocats. Dans mon précédent livre[1], l'ancien ministre de l'Économie et des Finances de François Hollande racontait pourtant que, en 1993, après avoir été une première fois patron de Bercy sous François Mitterrand, il avait repoussé plusieurs offres. Il m'avait raconté ce dialogue savoureux qui l'avait « dégoûté » du privé. « Que ferais-je chez vous ? », avait-il demandé à un patron du cabinet d'avocats qui voulait alors le recruter en ce début des années 1990.

« Vous venez de faire adopter une loi sur la prévention de la corruption. Vous pourriez aider nos clients à ce sujet.

— Comment ? En leur montrant les failles de cette loi que j'ai imaginée ?

— Ben oui.

— Non. Ça, je ne peux pas, ce ne serait pas déontologique.

— Mais alors, à quoi d'autre pourriez-vous donc bien nous servir ? »

Cette fois-ci, en 2019, il a accepté la proposition du cabinet Franklin, sis à Paris, avenue Kléber. « La situation n'est pas la même. Je suis en fin d'activité, explique cet énarque de soixante-sept ans. Et je n'ai aucune perspective de retour dans la vie politique.

1. Vincent Jauvert, *Les Intouchables d'État*, Robert Laffont, 2018.

De plus, la législation a beaucoup changé depuis les années 1990, le pantouflage est mieux encadré[1].» Notamment grâce aux deux lois qui portent son nom – il en a fait adopter une seconde en 2016 – mais qui ont encore beaucoup de failles.

Que va-t-il faire? «Je travaillerai avec des gouvernements étrangers pour la mise en place de dispositifs anticorruption, en Afrique notamment, et cela dans le cadre d'appels d'offres mondiaux», assure-t-il. L'argent? «Ce n'est pas pour ça que j'ai accepté. Comme *senior advisor*, je serai payé 500 euros de l'heure, ce n'est pas cela qui va changer mon niveau de vie, surtout qu'après charges et impôts il ne m'en restera que 30 %...»

Il ajoute : «Le plus important c'est que j'ai pu fixer une limite avec le cabinet Franklin : je ne serai pas apporteur d'affaires. Ils ont accepté que je ne sois pas "tête de gondole" et ça change tout.» En effet.

Il y a un hic, toutefois. Lors de ses échanges avec la HATVP, l'ancien ministre n'a pas tenu exactement le même discours. Dans sa délibération l'autorisant à devenir avocat avec de nombreuses réserves et rendue public après notre entretien[2], la Haute Autorité a écrit ceci : «M. Sapin a lui-même indiqué que son rôle consisterait notamment à apporter de nouvelles affaires à son cabinet.» Pourquoi ce

1. Entretien avec l'auteur, le 13 septembre 2019.
2. Délibération de la HATVP 2019-87.

hiatus ? ai-je demandé à l'ancien ministre de l'Économie. Il répond que c'est un problème de définition. « Un avocat qui obtient des mandats et qui travaille dessus est considéré [par la HATVP] comme un apporteur d'affaires, alors que pour moi est apporteur d'affaires celui qui rapporte le mandat sans pour autant s'en occuper ensuite. » Et il ajoute : « Je me refuse absolument à ce rôle de "rabatteur" ! »

À droite, cela fait plus longtemps que certains politiques améliorent l'ordinaire – et pas qu'un peu ! – en exerçant la profession d'avocat. Outre François Baroin, il y a bien sûr Rachida Dati, l'ancienne garde des Sceaux, candidate à la mairie de Paris en mars 2020. En 2010, c'est-à-dire quelques mois seulement après son départ du gouvernement, son activité juridique lui rapporte plus de 600 000 euros. Ce chiffre grimpe à 700 000 deux ans plus tard[1]. Il va sans dire que, jusqu'en 2018, elle est en même temps maire du VIIe arrondissement de Paris et députée européenne, avec les indemnités qui en découlent.

Jean-François Copé exerce, lui, le métier d'avocat dès 2012, alors qu'il est maire de Meaux, député et secrétaire général de l'UMP. Selon sa déclaration à la HATVP[2], il perçoit 541 000 euros en 2012 et

1. Déclaration de Mme Dati à la HATVP le 30 janvier 2014.
2. Déclaration à la HATVP du 13 février 2018.

330 000 en 2013. Les affaires sont moins bonnes les années suivantes. Si bien que, en 2018, il décide de rejoindre le cabinet Stehlin à Paris.

Vive les fonds

Le nouvel eldorado des hommes et des femmes politiques plus ou moins en retrait des affaires publiques, ce sont les fonds d'investissement. Le pionnier en la matière est l'éphémère ministre de l'Économie de Jacques Chirac, l'ultralibéral Alain Madelin. En 2011, il crée Latour Capital avec un ancien de Bercy. Dans la corbeille de mariés, le politique apporte ses réseaux, le haut fonctionnaire sa connaissance intime de l'État. Un attelage très efficace.

Écoutons au sujet de Latour Capital un spécialiste du pantouflage. « Est-il normal, s'interroge Sylvain Laurens, maître de conférences à l'EHESS, devant une commission sénatoriale[1], qu'un ancien ministre des Finances puisse monter un fonds d'investissement avec comme coactionnaire l'énarque Cédric Bannel auparavant en charge à la direction du Trésor des prises de participation et privatisations, un fonds dont la holding est située en Belgique pour des raisons évidentes de défiscalisation et que ce fonds

1. Audition devant la commission d'enquête du Sénat sur les mutations de la haute fonction publique, le 20 juin 2018.

opère un LBO[1] sur une ancienne filiale de la Compagnie générale des eaux justement privatisée en 1998 ? » Il ajoute, perplexe : « Rien d'illégal là-dedans en l'état de nos réglementations. On y voit néanmoins comment la connaissance intime du fonctionnement de l'État et de ses anciens services publics peut être mise au service d'opérations financières à des fins d'enrichissement personnel. »

Les hommes politiques d'envergure internationale cherchent, eux, à valoriser leur réseau mondial. En 2012, Nicolas Sarkozy envisage très sérieusement d'imiter Alain Madelin. Après sa défaite face à François Hollande, il veut passer à autre chose. Deux de ses amis, l'homme d'affaires Stéphane Courbit et le financier Alain Minc, lui proposent de monter avec eux un fonds très richement doté. Ils le baptisent Columbia[2]. Objectif : gérer de 500 millions à un milliard d'euros. Au cours de ses tournées de conférences très bien payées, l'ex-chef d'État commence à recruter des investisseurs de par le monde. Le Qatar accepte de mettre 200 millions d'euros. Puis c'est Abu Dhabi *via* son fonds souverain qui dit oui. Mais la mise en examen l'année suivante de Stéphane Courbit pour escroquerie et recel d'abus de faiblesse

1. *Leveraged Buy Out*. Une technique financière d'achat d'entreprise.

2. *Libération* du 8 septembre 2014.

refroidit les ardeurs. Le projet est abandonné quand Nicolas Sarkozy décide, finalement, de revenir en politique.

Son Premier ministre, en revanche, ira jusqu'au bout. Après sa défaite à la présidentielle de 2017, François Fillon devient l'un des trente associés de Tikehau Capital, une société de gestion d'actifs sise près du parc Monceau à Paris. Créé par deux anciens de Merrill Lynch et Goldman Sachs, ce fonds gère plus de six milliards d'euros sur les cinq continents.

Pourquoi l'ancien locataire de Matignon a-t-il été choisi ? « Il a vécu en direct les secousses du secteur financier pendant la crise de 2008, il connaît la musique. Et il a des contacts de très haut niveau », explique benoîtement Mathieu Chabran[1], l'un des deux patrons de Tikehau. Autrement dit, l'ex-Premier ministre est choisi pour démarcher ses anciens contacts à travers le monde. Ce qui a priori n'a, là encore, rien d'illégal, mais pose de multiples questions éthiques.

Fleur Pellerin, elle, est soupçonnée par la justice française de « prise illégale d'intérêts ». En 2016, l'ancienne ministre de François Hollande, qui fut notamment chargée du Commerce extérieur et de la Culture, décide de quitter la fonction publique et de monter un fonds d'investissement. Elle crée Korelya

1. *Capital* du 30 novembre 2017.

Consulting, qui investira les sommes récoltées dans le pays d'origine de l'énarque, la Corée du Sud. Or deux ans plus tard, la HATVP découvre que cette société gère un fonds intégralement doté par la société sud-coréenne Naver Corp., spécialisée dans les services Internet. Elle découvre aussi que, étant encore ministre, Fleur Pellerin avait signé un accord avec le président de Naver Corp. concernant la retransmission des événements de l'année de la France en Corée.

Était-ce du donnant-donnant ? La justice tranchera bientôt. En décembre 2018, la HATVP a dressé « un rapport spécial[1] » publié au *Journal officiel* et l'a transmis au parquet de Paris. Une première.

Depuis, l'ancienne ministre de la Culture a rejoint, en octobre 2019[2], le conseil d'administration du très controversé Reworld Media, qui a racheté le groupe de presse Mondadori France (*Auto Plus*, *Pleine vie*, *Biba*, *Science et Vie*, *Le Chasseur français*, etc.), provoquant le départ de plus des deux tiers des journalistes. Selon l'Agence France-Presse (AFP), Reworld Media est régulièrement accusé par des syndicats de journalistes d'avoir construit son modèle sur « la confusion entre espaces publicitaires et contenus éditoriaux ». L'ancienne ministre de la

1. Délibération n° 2018-178 portant rapport spécial relatif à la situation de Mme Fleur Pellerin.

2. *Challenges* du 14 octobre 2019.

Culture assure, elle, que « fort de son expérience dans le digital, [le groupe] dessine les contours d'un paradigme nouveau et plein de promesses[1] ». On n'est pas forcé de la croire.

1. AFP, 14 octobre 2019.

2

Extravagants cumuls

Pierre Fond, un énarque de cinquante-sept ans, est inconnu du grand public. Pourtant il détient un record national. Il ne le crie pas sur tous les toits. En fait, il préférerait que personne ne connaisse ses exploits. Et quelles performances !

Pierre Fond fait partie de la crème de Bercy : le discret – mais très puissant – corps des « administrateurs généraux des finances publiques ». Ce sont les grands argentiers de la République, que l'on appelait autrefois les trésoriers-payeurs généraux, les TPG. En novembre 2017, le gouvernement l'a nommé « comptable principal » du Centre national d'études spatiales (CNES), l'organisme qui construit la fusée Ariane. Son salaire : 215 000 euros brut par an[1]. Pour une telle somme, et une telle responsabilité, on imagine une tâche prenante à l'extrême… Pourtant Pierre Fond mène une autre vie bien remplie, politique celle-là. Il porte plusieurs casquettes : il est

1. Déclaration de Pierre Fond à la HATVP, 28 avril 2019.

maire LR de Sartrouville, ville de 52 000 habitants au nord-ouest de Paris ; il préside la communauté d'agglomération qui regroupe vingt communes ; et, poire pour la soif, il est vice-président du département des Yvelines. Pour ces multiples activités électives, qui en épuiseraient plus d'un, il reçoit chaque mois 8 434 euros net d'indemnités – le maximum autorisé par la loi. Au total, haut fonctionnaire le jour et homme politique la nuit (ou est-ce l'inverse ?), Pierre Fond perçoit un peu moins de 400 000 euros brut par an, soit 33 000 euros par mois. D'argent public. Une situation extravagante.

Mais surtout, comment fait-il ? Comment réalise-t-il un tel exploit dans l'organisation de son emploi du temps ? Mystère. Cachottier, l'élu-fonctionnaire n'a pas souhaité répondre à mes questions, malgré de multiples demandes[1]. Son job à Bercy ne serait-il pas aussi épuisant que son salaire le laisse penser ? Écoutons ce que dit un initié de Bercy : « Devenir "agent comptable", c'est notre graal. En général, nous autres, les administrateurs généraux, sommes envoyés en province pour gérer une direction locale des finances publiques. Là on gagne pas mal d'argent, c'est vrai, mais c'est loin de Paris et on s'y

1. E-mails à la directrice de la communication de Sartrouville, les 3 octobre 2018, 12 février 2019, 13 février 2019, puis SMS le 2 octobre 2019.

emm... au possible. Quelques privilégiés, comme Fond, sont, eux, bombardés “agent comptable”. Quelle sinécure ! Le travail très bien payé mais peu harassant s’exerce presque toujours dans la capitale. Et permet donc de faire autre chose... » De la politique, par exemple.

Les bons calculs d’Hervé Gaymard

À Bercy, il y a d’autres cas de ce genre – et non des moindres. Hervé Gaymard, par exemple, l’ancien ministre de l’Économie de Jacques Chirac, qui, en 2005, a dû démissionner de son poste[1]. Comme Pierre Fond, il est ancien élève de l’École nationale d’administration (ENA) d’où il est sorti plutôt bien classé. Il choisit Bercy, où il travaille de 1986 à 1993. Élu député de Savoie, il doit se mettre en réserve de la fonction publique puisqu’un parlementaire ne peut, selon la loi, être fonctionnaire en poste. Dans le jargon, on le met donc en « détachement » de l’administration, c’est-à-dire que sa carrière et ses droits à la retraite continuent de progresser mais il ne perçoit pas de traitement de Bercy. Et pour lui cela

1. *Le Canard enchaîné* avait révélé que Bercy lui payait un appartement de fonction de 600 m^2 pour 14000 euros par mois, alors qu’il en possédait un à Paris et qu’il payait l’impôt sur la fortune.

dure pendant vingt-quatre ans… En 2017, Hervé Gaymard est contraint par la loi sur le non-cumul[1] de choisir entre la députation et son mandat local de président du département de Savoie. Il décide d'abandonner la première pour garder le second. Par amour pour sa chère région ? C'est possible. Mais il y a peut-être une autre explication, plus sonnante et trébuchante.

S'il avait préféré le palais Bourbon et renoncé à la Savoie, Hervé Gaymard n'aurait plus perçu son indemnité d'élu local, 4 508 euros net par mois. Et, parlementaire, il n'aurait toujours pas eu le droit de retravailler à Bercy. Alors qu'en abandonnant son siège au palais Bourbon, Hervé Gaymard renonce, certes, à son indemnité de député, 5 750 euros net par mois, mais il conserve ses 4 508 euros du département et, surtout, il a le droit de reprendre son activité de haut fonctionnaire puisque, bizarrerie incompréhensible, celle-ci n'est pas incompatible avec le statut de patron d'exécutif local. Aussitôt dit, aussitôt fait.

En juin 2017, voilà donc Hervé Gaymard réintégré à Bercy, où il n'a pas travaillé depuis vingt-quatre ans. Ce n'est pas tout. Puisque, pendant toutes ces années, sa carrière a continué de progresser, il est désormais en haut de l'échelle : administrateur civil

1. La loi du 14 février 2014 interdit le cumul des mandats de parlementaire et d'exécutif local.

« hors classe », avec un traitement de 7 855 euros net mensuels. Lesquels compensent largement les 5 740 euros d'indemnité de député perdus. Belle opération. Au total, avec son indemnité de président de département, il perçoit 12 363 euros net mensuels d'argent public. Presque autant que le président de la République[1]. Hervé Gaymard comprend-il que certains jugent ce cumul choquant ? Au *Parisien*[2], qui a révélé l'affaire, il s'est justifié ainsi : « Mes fonctions d'élu me requièrent du jeudi après-midi au dimanche, comme pour la plupart des élus qui exercent une activité professionnelle parallèlement. J'ajoute que la journée type commence en général le matin dès 7 h 30 et se termine souvent vers 22 heures, y compris les week-ends et les jours fériés comme les fêtes patriotiques[3]. » Et du lundi au jeudi midi, à Paris, monsieur l'administrateur civil « hors classe » est-il aussi débordé ?

En fait, de son retour à Bercy en juin 2017 à novembre 2018, l'ancien protégé de Jacques Chirac n'est pas contraint de travailler. Pendant près d'un an et demi, il est en attente d'affectation, payé à ne rien faire. Certes, le ministre de l'Économie, Bruno Le Maire, qui n'était que simple conseiller ministériel quand Hervé Gaymard siégeait au

1. Qui perçoit 13 884 euros net par mois.
2. *Le Parisien* du 11 février 2019.
3. *Le Parisien* du 11 février 2019.

gouvernement, finit par lui confier une vague mission. Rédiger un rapport sur l'Afrique et la France. Une tâche qui ne va pas le conduire au burn out…

Pour écrire le pensum, on lui fournit, statut d'ancien ministre oblige, un grand bureau au cinquième étage du bâtiment Colbert à Bercy. Pourtant, en février 2019, soit trois mois après son affectation, plusieurs sources prétendent[1] qu'il y a été très peu vu. Pourtant, au final, le rapport existe bien. Comme preuve de son labeur, Hervé Gaymard m'a envoyé[2] ce texte daté d'avril 2019. Il est pompeusement intitulé « Relancer la présence économique française en Afrique : de l'urgence d'une ambition collective à long terme ». Deux cent vingt-quatre pages, pleines de graphiques compliqués et de chapitres bien sentis. Du travail bien fait. Pourtant, à y regarder de plus près, on constate que le rapporteur, autrement dit le rédacteur du pavé, est un certain Pierre-Ange Savelli. Lequel, nous apprend LinkedIn, est un jeune énarque qui a fait son stage préfecture de l'ENA en Haute-Savoie et qui, heureux hasard, travaille à la direction du Trésor, bureau Afrique… Pratique.

L'ancien stagiaire aurait-il fait la plus grosse partie du boulot, voire la totalité ? L'ancien ministre

1. *Ibid.*
2. E-mail d'Hervé Gaymard à l'auteur du 9 septembre 2019.

se serait-il contenté de signer le rapport tout en touchant son confortable salaire ? Des esprits chagrins pourraient le penser.

Quoi qu'il en soit, l'ancien ministre a bien touché sa paye de Bercy et toute sa paye, ainsi que le confirme sa déclaration à la HATVP[1]. Il n'a donc pas demandé à bénéficier des autorisations d'absence auxquelles il a droit pour remplir son mandat électif. Pourquoi ? Voici, si vous parvenez à la comprendre, l'explication de Bercy : « Les conditions d'exercice sous la forme d'une mission qui nécessite une forte flexibilité rendent incompatible la prise en compte de sa fonction d'élu dans une logique horaire[2]. » C'est écrit dans un français plus qu'incertain mais on comprend l'idée. Hervé Gaymard n'a pas souhaité[3] s'expliquer sur ce point ; y aurait-il une explication inavouable ? S'il avait pris les heures d'absence réservées aux élus, ses émoluments de fonctionnaire en auraient été réduits d'autant. Or c'est justement pour contrebalancer ces pertes de salaire que le législateur a prévu une indemnité pour lesdits élus. Cette dernière a uniquement « pour objet de compenser la réduction des activités personnelles et de couvrir les frais courants

1. Déclaration d'Hervé Gaymard à la HATVP du 29 avril 2019.
2. *Le Parisien* du 11 février 2019.
3. E-mail d'Hervé Gaymard à l'auteur du 9 septembre 2019.

inhérents à l'exercice de leur mandat[1] ». Et non d'accroître leurs revenus...

Maire de Toulouse et haut fonctionnaire à Paris

Toujours à Bercy, il y a aussi le cas du maire LR de Toulouse, Jean-Luc Moudenc. L'édile « Macron compatible » de la quatrième ville de France, le président de France urbaine, association qui regroupe toutes les métropoles, est, lui aussi, haut fonctionnaire au ministère des Finances. Il n'a pas fait l'ENA mais doit ce boulot à vie à Nicolas Sarkozy. En 2008, Jean-Luc Moudenc n'est pas réélu au Capitole. À quarante-huit ans, lui qui, durant toute sa vie d'adulte, n'a fait que de la politique, se trouve fort dépourvu. Sans travail ni revenu autre que celui, très modeste, de conseiller municipal d'opposition. Grand seigneur, le président de la République décide de le recaser et le nomme « au tour extérieur », c'est-à-dire hors concours de la fonction publique, au Contrôle général économique et financier (CGefi), un organisme que personne ne connaît, à part ceux qui rêvent d'y être nommés. Il est surnommé « le cimetière des éléphants de Bercy » et on y envoie les cadres d'un certain âge dont on ne sait que faire. Ou les protégés auxquels on veut assurer des fins de

1. *Le Courrier des maires* du 16 décembre 2014.

mois confortables. Très confortables même. Au CGefi, Jean-Luc Moudenc perçoit ainsi, du jour au lendemain, 99044 euros net par an, soit 8253 euros net par mois[1] – autant qu'un ministre[2].

L'ex-édile de la ville rose exerce mollement son nouveau métier de contrôleur pendant quatre ans. C'est la politique qui l'intéresse et qui l'occupe. En juin 2012, il est élu député et perçoit donc une indemnité du palais Bourbon. Et, comme une cinquantaine de ses collègues[3] – dont, on le sait, François Fillon –, il salarie son épouse comme collaboratrice parlementaire, ce qui met du beurre dans les épinards de son ménage. Du même coup, le député doit quitter sa sinécure au CGefi pour être détaché (puisque, comme on l'a déjà vu, on ne peut être à la fois parlementaire et fonctionnaire en activité). Il perd donc son traitement mirifique de haut fonctionnaire. Pas pour longtemps. Deux ans plus tard, il reconquiert son siège au Capitole et décide d'abandonner son mandat au palais Bourbon. C'était une promesse électorale. Un très bon calcul financier aussi. Puisque, d'une part, il ne peut plus salarier son épouse, du fait des nouvelles lois dites «pour la

1. Déclaration de Jean-Luc Moudenc à la HATVP du 17 décembre 2015.

2. Par exemple, le salaire de la ministre des Transports, Élisabeth Borne, était en 2018 de 8767 euros net par mois, d'après sa déclaration à la HATVP du 21 juillet 2019.

3. Étude du *Monde* du 28 février 2017.

confiance dans la vie politique» adoptées en septembre 2017. D'autre part, et surtout, ce choix lui permet, comme à Hervé Gaymard, de retrouver son emploi et son traitement de haut fonctionnaire. Qu'il va cumuler avec son indemnité de maire – environ 6000 euros net par mois. Soit un revenu total de plus de 14000 euros net. Davantage, cette fois-ci, que le président de la République.

Comme Hervé Gaymard, Jean-Luc Moudenc reste longtemps sans affectation à Bercy. Au bout de deux ans, on lui donne enfin de quoi s'occuper. Par un arrêté du 6 juin 2016, le voilà affecté dans la branche audit conseil du CGefi, «la planque dans la planque», rigole un ponte de Bercy. Autrement dit, c'est le carré VIP du «cimetière des éléphants».

L'intéressé n'est pas d'accord. «Je suis membre d'un corps qui ne gère pas un service public mais qui, réunissant des expertises de haut niveau, [...] émet des recommandations destinées à améliorer la performance de l'action publique d'organismes situés dans le giron de l'État[1].» C'est-à-dire? «Je [participe à des] auditions, [des] préconisations d'expertise [...], [des] groupes de travail pour auditer certains organismes d'État en vue d'accélérer sa modernisation...» Convaincant? À la différence d'Hervé Gaymard, Jean-Luc Moudenc ne touche pas l'intégralité de ses indemnités d'élu. En tout cas, c'est ce qu'il affirme.

1. France 3 Occitanie, 18 mars 2018.

En 2014, «j'ai demandé à exercer à temps partiel. Or les textes en vigueur ne le permettent pas. C'est la raison pour laquelle, afin de réduire mon temps de travail, je bénéficie, à ma demande, des dispositifs maximaux prévus (autorisations d'absence, crédits d'heures, congés)».

Mais combien perçoit-il exactement ? Il certifie que cet aménagement du temps de travail « se traduit par une amputation salariale significative », sans préciser davantage. Et comme il n'a pas actualisé sa dernière déclaration à la HATVP, qui remonte à 2015, on ne peut faire que des suppositions. Prenons une hypothèse basse et imaginons qu'il ne touche de Bercy que la moitié (c'est sûrement davantage) de son salaire plein, soit 4100 euros net par mois. Auxquels il faut ajouter ses indemnités de maire. Autrement dit, ses revenus totaux dépasseraient 10000 euros net par mois. D'argent public. C'est plus que suffisant, du moins selon le citoyen lambda. Mais ce n'est pas le point de vue d'une partie de l'élite.

Un jour, je demandais[1] au financier Alain Minc s'il connaissait le montant des revenus du maire de Toulouse – quelques jours auparavant, il avait affirmé que l'édile de la ville rose n'était pas assez rétribué. « Dans l'atmosphère populiste, démagogique

1. Entretien avec l'auteur, le 9 octobre 2018.

ambiante, avait dit-il lancé, on n'ose pas dire : le métier politique n'est pas rémunéré. Combien gagne un maire ? Un maire gagne quelques milliers d'euros, le maire d'une ville comme Toulouse. Tout cela n'a pas de sens[1].» En fait, il ignorait le vrai chiffre. Je le lui indique donc : 10000 euros net par mois tout compris. Il répond que cela est trop peu et qu'il faut éprouver une «jalousie de journaliste» pour penser le contraire. Au passage, je rappelle à Alain Minc que 10000 euros par mois, c'est exactement le montant de ses émoluments comme président du conseil d'administration de la Sanef, une société d'autoroutes. «Vous savez, ces jetons de présence sont à peine quelques pourcents de mes revenus totaux», s'empresse-t-il de rétorquer, de peur sans doute d'être assimilé à un tel gagne-petit.

Encore et toujours Bercy. La prestigieuse inspection des Finances, cette fois. Le grand corps par excellence. Celui dont est issu Emmanuel Macron.

François Werner en est. Il a fini l'ENA en 1989 dans la même promotion «Liberté, Égalité, Fraternité» que Sylvie Goulard, Nicolas Dupont-Aignan et Jean-François Copé, dont il est resté proche. Après avoir occupé plusieurs postes importants à Bercy, dont patron de Tracfin, il est retourné à l'inspection, pour laquelle il travaille toujours, à Paris. Mais, à lui non

1. Sur Radio Classique le 26 janvier 2017.

plus, cela ne suffit pas. Il est aussi donc élu dans le Grand Est. « De façon accessoire[1] », assure-t-il.

Il est pourtant maire Union des démocrates et indépendants (UDI) de Villers-lès-Nancy, une ville de 14000 habitants, vice-président de la métropole de Strasbourg, où il est le chef de file de l'opposition. Et puis, comme si cela allait de soi, il est aussi vice-président de la région. Le tout en travaillant dans la capitale. Comment trouve-t-il donc le temps de tout faire ?

« Pour mes fonctions d'élu, l'essentiel se déroule le week-end et le soir[2] », explique-t-il à son retour d'une mission « passionnante » à Mayotte pour l'inspection. « Je fais des semaines très longues mais je ne me plains pas. À la mairie, je laisse mon directeur des services prendre des initiatives. À la région, le travail est peu prenant. Je fais le job par téléphone ou par visioconférence. Je m'occupe des universités et de la recherche. C'est technique et, c'est vrai, pas très astreignant. »

Au total, François Werner perçoit 200000 euros net par an[3] : 130000 pour l'inspection, le reste comme indemnités pour ses différents mandats. Normal ? « J'ai un revenu flatteur, convient-il. Tous les matins, je me dis que je dois le mériter.

1. Entretien avec l'auteur, le 13 février 2019.
2. *Idem*.
3. Déclaration de François Werner à la HATVP le 9 avril 2018.

Pour l'inspection c'est le tarif de base. Pour les mandats, j'ai veillé à me mettre au-dessous des plafonds légaux parce que je dispose de moins de temps qu'un élu "normal" et que je n'ai pas forcément besoin de plus d'argent.» Il précise qu'il ne fait «jamais de notes de frais, ni pour [ses] déplacements, ni pour les réceptions».

«J'aurais aimé, ajoute-t-il, pouvoir donner une partie de mes indemnités de maire. Par exemple, à un adjoint orthopédiste qui perd des patients chaque fois qu'il siège à la mairie, alors que moi je peux faire du télétravail. Mais c'est interdit.» Il existerait pourtant bien une solution : qu'il renonce à ses mandats, au moins un. «Ah non! s'exclame-t-il, je ne lâcherai pour rien au monde.» Il ajoute néanmoins : «Je ne serai jamais candidat à une présidence de région. Là, soyons honnête, ce ne serait pas possible de tout faire.» Peut-être, oui.

Les dessous de l'affaire Wauquiez

Il n'y a pas que Bercy. Au Conseil d'État aussi, autre grand corps prestigieux et parisien, on trouve des élus provinciaux qui touchent double paye. En Auvergne-Rhône-Alpes, notamment, dont le président de région, Laurent Wauquiez, et le chef de file de son opposition, Jean-François Debat, sont tous deux membres de la même institution sise place du

Palais-Royal. Une situation aberrante si elle n'était très française.

Sorti en 2001 parmi les premiers de l'ENA, Laurent Wauquiez a choisi le Conseil d'État. Il y travaille pendant trois ans, puis entreprend une carrière politique. Député, il est mis en détachement. En 2017, il perd son mandat parlementaire mais reste patron de la région. Il ne demande pas à réintégrer le Conseil, ce qui serait certes théoriquement possible, mais très mal accepté par l'institution. Il choisit d'être maintenu en situation de détachement. Quand le magazine *Lyon Capitale*[1] révèle la chose, l'affaire fait grand bruit : les Français découvrent que, du fait de sa position de détaché, la carrière et les droits à la retraite de Laurent Wauquiez continuent de progresser, alors qu'il ne travaille plus au Conseil d'État depuis treize ans. Il se défend mal, explique qu'il garde un lien avec l'institution du Palais-Royal, qu'il veut pouvoir reprendre une activité salariée quand il en aura fini avec la politique, comme si ce privilège réservé aux seuls fonctionnaires était tout naturel. C'est le tollé. L'émotion est telle que Laurent Wauquiez est contraint de demander à être placé en disponibilité, c'est-à-dire avec gel de sa carrière et de sa retraite. Sans toutefois démissionner de la fonction publique. N'exagérons rien…

1. *Lyon Capitale* du 13 septembre 2017.

Le plus cocasse est à venir. Pendant toute l'affaire, son principal opposant au conseil régional, le socialiste Jean-François Debat, demeure étrangement muet. D'abord il ne voudrait sans doute pas gêner certains de ses anciens camarades, quelques poids lourds du PS qui, eux aussi, ont bénéficié de ce système très favorable des hauts fonctionnaires. Martine Aubry, par exemple. Conseillère d'État honoraire, la maire de Lille candidate à un quatrième mandat a longtemps été dans la même situation que Laurent Wauquiez, avant de faire valoir ses droits à la retraite en 2014. Jean-Yves Le Drian aussi, mais on le sait moins, fut longtemps en détachement du corps de l'inspection de l'Éducation nationale où François Mitterrand l'avait recasé en 1993, après une défaite cinglante aux législatives.

Et puis il y a sa propre situation. Jean-François Debat est non seulement, comme son adversaire, membre du Conseil d'État mais il est, lui, toujours en activité. À temps plein. De l'institution fondée par Napoléon, l'ex-trésorier du PS perçoit un salaire de 119000 euros net par an[1]. Alors qu'en même temps, il est maire de Bourg-en-Bresse, ville de 40000 habitants dans l'Ain, président de la communauté de l'agglomération de Bourg-en-Bresse et vice-président de la région. Le tout pour des

1. Déclaration de Jean-François Debat à la HATVP du 4 juillet 2017.

indemnités de plus de 80 000 euros net par an. Soit au total environ 200 000 euros par an d'argent public. « Je comprends que certains s'interrogent sur de tels montants[1] », confesse-t-il avant de s'insurger : « Je n'escroque personne. J'ai été élu et je fais mon travail au Conseil. Si je veux bosser le week-end, faire de 70 à 90 heures par semaine, c'est mon affaire. Je n'ai pas de comptes à rendre sur l'emploi de mon temps. La seule question qui vaille est : les électeurs jugent-ils que je m'occupe bien de leur ville ? Notez que j'ai été réélu deux fois au premier tour. » Piqué, il ajoute : « Je suis à Paris à peu près la moitié de la semaine. Au Conseil, je participe à toutes les séances, à tous les dossiers. Et je suis, comme tous les collègues, évalué tous les trois mois. D'ailleurs, dans mon agenda, je privilégie toujours les contraintes professionnelles, c'est ça qui passe en premier. » Pas ses électeurs, donc.

Des mal lunés ajouteraient qu'il fait peut-être ce choix pour des raisons financières : au Conseil d'État, les primes dépendent notamment de l'assiduité... Bon, si on cherchait la petite bête, on trouverait aussi que Jean-François Debat ne siège pas à la section du contentieux du Conseil d'État, la plus prestigieuse, celle qui demande le plus de travail. Il est principalement affecté à la section du

1. Discussion avec l'auteur, le 11 septembre 2019.

rapport et des études, « la plus tranquille », souffle un initié.

Mais, au fait, que pense-t-il aujourd'hui de l'affaire Wauquiez ? Il est révolté par le procès qui a été fait à celui qui est, certes, son adversaire politique mais aussi un collègue du même grand corps : « Wauquiez a appliqué la loi, un point c'est tout, martèle-t-il. Les règles soit on les change, soit on les applique pour tous. » Bon.

Une autre de ses collègues du Conseil d'État, elle aussi ancienne ministre de droite, bénéficie de ce statut exorbitant : Dominique Versini, que Jacques Chirac a promue conseillère d'État au tour extérieur en 2004 puis qui a rompu avec son camp pour devenir l'une des principales adjointes d'Anne Hidalgo à la mairie de Paris. Comme Jean-François Debat, elle continue de travailler dans l'institution du Palais-Royal. À temps plein.

Interdire ces cumuls ? Pensez donc !

À l'évidence, l'avantage dont bénéficient les fonctionnaires est démesuré, voire antidémocratique. L'occasion de changer cet état de fait s'est présentée au printemps 2019. Le gouvernement Philippe venait de déposer au Parlement un texte sur « la transformation de la fonction publique ». Allait-on enfin mettre un terme à ces situations extravagantes ? Certains parlementaires ont cherché à le faire, en vain.

Au cours des débats en commission, le député UDI de la Mayenne, Yannick Favennec Becot, a déposé un amendement mettant fin, comme en Allemagne, au détachement pour les fonctionnaires élus localement ou nationalement. « C'est une question d'équité, a-t-il plaidé[1]. Il s'agit d'éviter une forme de démocratie à deux vitesses : d'un côté, ceux qui viennent du privé ; de l'autre, ceux qui sont issus de la fonction publique. C'est en outre une demande que j'ai entendue de nombreuses fois dans le cadre du grand débat national. » Il enfonce le clou : « Cette disposition permettrait d'envoyer un message positif à nos concitoyens, qui attendent de leurs élus non seulement la transparence mais aussi le respect d'une certaine déontologie. »

Une élue PS de Saône-et-Loire, Cécile Untermaier, soutient cette proposition. « Nous nous sommes battus au cours du mandat précédent pour que les fonctionnaires élus au Parlement soient non plus en détachement mais en disponibilité. Il faut que cette règle s'applique à tout le monde politique. Ce serait un signal important, et ce n'est pas demander un grand sacrifice. » Elle propose de limiter son application aux élus de collectivités de plus de 20 000 habitants.

1. Commission des lois constitutionnelles, séance du 3 mai 2019.

Mais le secrétaire d'État à la Fonction publique, l'ex-socialiste Olivier Dussopt, refuse. C'était pourtant une mesure proposée début 2017 au candidat Macron par l'un de ses conseillers. Dans une note confidentielle intitulée « Comment introduire une véritable disruption en politique », il proposait l'« obligation pour les fonctionnaires de démissionner dès leur élection à un exécutif local d'une certaine taille et dans tous les cas s'agissant du Parlement ». Le président écoutera ce conseiller sur plusieurs sujets. Pas sur celui-là.

Le député de Mayenne avance alors une mesure plus radicale : « Je propose, lance-t-il à l'Assemblée nationale, que les fonctionnaires démissionnent de la fonction publique dès qu'ils sont élus à n'importe quel mandat, local ou national. » Une revendication de certains Gilets Jaunes, inspirée par la loi britannique qui prévoit même qu'un candidat à une élection, quelle qu'elle soit, doit démissionner de la fonction publique (c'est aussi le cas en Grèce). Mais le temps n'est pas à la révolution, le ministre Dussopt s'oppose à cet amendement qui aurait bouleversé la politique française. Ouf de soulagement dans la salle. À droite, à gauche. Et au centre.

3

Les amis du « chef »

En ce début d'été 2016, Emmanuel Macron est toujours ministre de l'Économie de François Hollande. Il vient de créer « un mouvement » : En marche. Une plate-forme discrète qui doit le propulser dans un an à l'Élysée. Ils ne sont qu'une poignée dans la confidence. Très peu participent aux discussions du premier cercle. Un petit-fils de Simone Veil en est.

Il se prénomme Sébastien. Il connaît Emmanuel Macron depuis le lycée Henri IV où ils étaient tous les deux en khâgne. Lui réussit le concours de l'ENS, que Macron rate, à son grand dépit. Les deux copains se retrouvent à l'ENA, promotion Senghor. En 2004, Sébastien sort au Conseil d'État, Emmanuel à l'inspection des Finances. L'avenir est à eux. Douze ans plus tard, le premier est un grand financier, le second se prépare à conquérir le pouvoir suprême.

Il faut savoir récompenser ses amis

En ce début d'été 2016, donc, «Seb» est au cœur de la machine qui va conduire «Manu» à l'Élysée. C'est un homme de droite qui a travaillé au Palais sous Sarkozy. Il pèse lourd. Par son clan familial, son réseau politique et ses relations chez les grands investisseurs dont le candidat a besoin pour financer sa campagne. Et puis c'est un ami du «chef», comme les conseillers du futur président surnomment Emmanuel Macron. En 2006, «Seb» a même convié Emmanuel à son fastueux mariage avec Sibyle Petitjean, une camarade de promotion, une jeune femme un peu trop appliquée, elle aussi sortie au Conseil d'État. Ce couple de pouvoir sera bientôt incontournable.

Le 12 juillet, juste avant qu'Emmanuel Macron ne démissionne, Sébastien Veil participe à la toute première conférence téléphonique sur le programme du futur candidat. Le 2 septembre 2016, Manu invite Seb à une réunion pour réfléchir avec ses proches à la «politique disruptive» qu'il entend mener. Sébastien Veil, qui vient de rejoindre le plus grand fonds d'investissement au monde, Advent, se fait porter pâle. Selon les e-mails de la campagne de 2017 publiés par

WikiLeaks[1], il aurait répondu à l'un des conseillers d'Emmanuel Macron, Quentin Lafay : « Je ne pourrai malheureusement pas être présent, je visite des usines d'une boîte que j'essaie d'acheter [au Royaume-Uni et au Danemark]. Désolé. – Aucun problème, répond Lafay [ce même Lafay qui, quelques mois plus tard, deviendra la plume de l'Élysée], je dirai au chef que c'était impossible pour toi. » Malgré son emploi du temps surchargé, Sébastien Veil participe tout de même au groupe confidentiel de réflexion sur la réforme des institutions. Il rédige une « note cadre » intitulée « Comment introduire une véritable disruption en politique ». Il y avance plusieurs idées qui seront reprises par le candidat puis le président Macron, dont la mise en place de « conférences citoyennes suivant les exemples américain et danois[2] ». L'Élysée en lancera une sur le climat en septembre 2019. Le candidat confie aussi à Sébastien Veil le pôle « culture », qu'il va animer avec une autre normalienne énarque, Dorothée Stik, conseillère d'Emmanuel Macron à Bercy et future banquière. Pour « le chef », les deux financiers rédigent une note intitulée « Quelle politique culturelle aujourd'hui[3] ? ».

1. E-mails entre Sébastien Veil et Quentin Lafay du 2 septembre 2016, dans « Macron's Campaign E-mails », WikiLeaks.

2. E-mail n° 54206, dans « Macron's Campaign E-mails », WikiLeaks.

3. Voir e-mail vérifié de Dorothée Stik à Sébastien Veil le 28 juillet 2016, dans « Macron's Campaign E-mails », WikiLeaks.

Ils y abordent tous les thèmes chauds, dont l'audiovisuel. Et particulièrement la nomination des présidents de France Télévisions et Radio France – des postes très importants pour qui tient l'Élysée.

Ils esquissent le portrait du candidat idéal : « Pour combattre le phénomène de "chapelles" et d'endogamie assez présent dans le monde culturel, écrivent-ils, il faut diversifier les profils chargés de la direction de lieux culturels. » Comment ? Pour eux, il s'agit de trouver des dirigeants qui ne soient pas en « déconnexion totale [...] des contraintes budgétaires[1] ». Autrement dit pour Radio France, pas ceux du passé, pas des professionnels reconnus de l'information mais forcément dépensiers tels Jean-Marie Cavada ou Jean-Luc Hees, ni les grands commis de l'« endogamique » ministère de la Culture, type Michel Boyon ou Roland Faure.

Ont-ils déjà quelqu'un en tête ? Lorsque, le 1er mars 2018, Mathieu Gallet est démis de ses fonctions de président de la « maison ronde », une candidate se présente tout de suite. Elle est inconnue du grand public. Mais pas de la Macronie. C'est Sibyle Veil, l'épouse de Sébastien. Elle colle parfaitement au portrait-robot dressé dans la note. Elle coche la

1. Note « Quelle politique culturelle aujourd'hui ? », attachée à l'e-mail de Dorothée Stick à Marc Shwartz du 3 juillet 2016, dans Macron campaign e-mails de WikiLeaks.

case « budgétaire », puisqu'elle est directrice financière de Radio France depuis trois ans. Tant pis si elle n'est ni une grande journaliste ni une figure de l'action culturelle. Elle correspond si bien au profil idéal défini... par son mari. Le 12 avril 2018, elle décroche le job.

Quand j'ai interrogé la présidente de Radio France sur une éventuelle relation de cause à effet, elle m'a accusé de sexisme. « Je ne comprends pas le sens de cette question[1], écrit-elle. Quand un homme accède à des responsabilités est-ce que vous vous demandez à quelle femme il le doit ? » Bien entendu, lui ai-je répondu, s'il apparaît que cette hypothétique femme, amie du chef de l'État et partie prenante de sa campagne électorale, a pu jouer un rôle décisif dans cette nomination de son hypothétique mari à un poste éminent de la République et si, de ce fait, on peut soupçonner quelque intrigue.

La suite de la réponse de Sibyle Veil, qui perçoit désormais un salaire de 222 000 euros par an comme présidente de Radio France[2], est sans surprise. « Mes études et ma carrière s'inscrivent dans un parcours continu fait de travail et d'investissement pour le service public, explique-t-elle. Ma nomination selon

1. E-mail de Sibyle Veil à l'auteur du 16 septembre 2019.

2. Rapport annuel 2017-2018 de l'Agence des participations de l'État.

une procédure publique par le CSA[1] en 2018 s'est ainsi déroulée après trois années au cours desquelles je me suis pleinement engagée au sein de Radio France. Le collège du CSA m'a nommée après une audition publique au cours de laquelle j'ai présenté un projet d'avenir pour Radio France reflétant à la fois ma connaissance et mon profond intérêt pour cette entreprise passionnante.» Mais elle ne répond pas à mes interrogations sur ses relations avec le président de la République, issu de la même promotion Senghor, présent à son mariage et ami proche de son mari, ni sur la note de ce dernier au futur chef de l'État pendant la campagne. Ni sur le fait que son mari et elle appartiennent au même grand corps que le président du CSA qui l'a nommée, Olivier Schrameck, un conseiller d'État honoraire en fin de mandat et que l'institution du Palais-Royal a eu le bon goût de recaser, par la suite, au Conseil supérieur de la magistrature. Bref, sur rien qui pose question. À l'en croire, tout ne serait donc que coïncidences. Admettons.

Rappelons néanmoins que, en droit, la notion de conflit d'intérêts est large. D'après la loi, explique le secrétaire général de la HATVP, «constitue un conflit d'intérêts toute situation d'interférence entre un intérêt public et des intérêts publics ou privés qui est de nature à influencer ou paraître influencer

1. CSA : Conseil supérieur de l'audiovisuel.

l'exercice indépendant, impartial et objectif d'une fonction ». Oui, même « paraître influencer ».

Rappelons enfin que, selon les révélations du *Canard enchaîné*[1], le prédécesseur d'Emmanuel Macron à l'Élysée s'est directement mêlé du choix d'un responsable de l'audiovisuel par le CSA, autorité en théorie indépendante. François Hollande a, en effet, reconnu avoir téléphoné directement à Olivier Schrameck pour lui demander de ne pas sélectionner les deux concurrents de Delphine Ernotte pour la présidence de France Télévisions. Il affirme l'avoir fait uniquement parce que ces personnalités étaient déjà occupées à des postes dans des sociétés publiques. Et, miracle, c'est bien Ernotte qui a été choisie par le CSA.

Quoi qu'il en soit, dans le cas de Sibyle Veil, il est patent qu'à l'instar de ses prédécesseurs à l'Élysée, Emmanuel Macron distribue les postes de pouvoir et les prébendes selon son bon plaisir.

Et d'abord aux grognards de la campagne de 2017, que ce chef de clan entend tous récompenser, tous faire maréchaux. Parfois au-delà du raisonnable.

1. *Le Canard enchaîné* du 9 octobre 2019.

Quand l'exécutif distribue les postes

L'écrivain Philippe Besson, un proche, comme on dit, du couple Macron, était *embedded*, intégré, dans la campagne présidentielle de 2017. De cette expérience, il a tiré un texte flatteur intitulé *Un personnage de roman*[1].

Probablement pour le remercier, Emmanuel Macron décide de le nommer consul général à Los Angeles. Seulement voilà, une telle nomination dérogerait aux règles de la fonction publique. Consul n'est pas un « emploi à la disposition du gouvernement », c'est-à-dire l'un de ces cinq cents postes supérieurs de l'État dans lesquels le président peut nommer une personnalité de son choix. Plutôt subalterne, non politique, cette position doit être occupée par un diplomate de carrière. Seuls les ambassadeurs sont nommés en conseil des ministres.

Qu'à cela ne tienne ! Au cœur de l'été 2018, le 3 août, Emmanuel Macron publie en catimini un décret modifiant les règles. Désormais, vingt-deux consuls généraux, dont celui de Los Angeles, seront aussi nommés en conseil des ministres. Le Conseil d'État a donné un avis favorable, mais d'extrême justesse : pour obtenir la majorité d'une voix, il a fallu, selon une source très bien informée, le vote

1. Philippe Besson, *Un personnage de roman,* Julliard, 2017.

comptant double du vice-président de l'institution, Bruno Lasserre. Qu'Emmanuel Macron venait juste de nommer[1]...

Au Quai d'Orsay, c'est la bronca. Le syndicat CFDT dépose un recours auprès du même Conseil d'État. Résultat : la juridiction administrative suprême annule le décret le 15 mars 2019, à part pour Jérusalem, qui fait véritablement office d'ambassade auprès de l'Autorité palestinienne. L'écrivain ne sera donc pas consul à Los Angeles. À moins que le président de la République ne trouve une autre astuce...

Il aime tellement faire plaisir à ses amis. Et tant pis si ça fait grincer des dents. Prenez le Centre national du cinéma (CNC), l'établissement public qui soutient le septième art. Par tradition, l'Élysée nomme à sa tête un haut fonctionnaire, pas un professionnel, ce qui est considéré comme un gage d'indépendance par les cinéastes cherchant de l'argent. Mais Emmanuel Macron a un ami dans le milieu.

Il s'agit de Dominique Boutonnat, le producteur d'*Intouchables*. Le chef de l'État le nomme président du CNC en remplacement de l'inspectrice des finances Frédérique Bredin. Le monde du cinéma s'enflamme. Dans une tribune publiée par *Le Film*

1. Selon sa porte-parole, le Conseil d'État ne peut «ni confirmer ni infirmer cette affirmation», puisque «les décisions prises en assemblée générale ne sont pas publiques».

français, plus de soixante-dix cinéastes, dont Jacques Audiard, Arnaud Desplechin, Cédric Klapisch et Michel Hazanavicius, hurlent au « clientélisme » et au « conflit d'intérêts ». Certains y voient de la part du chef de l'État une détestation du cinéma d'auteur et de la culture en général. D'autres soulignent, d'un air entendu, que Dominique Boutonnat a donné 7500 euros pour la campagne de d'Emmanuel Macron. Mais le président ne cède pas, en vrai chef de clan.

Sylvie Goulard en était. Cette énarque de cinquante-cinq ans, députée européenne Mouvement démocrate (MoDem), faisait partie du premier cercle. Comme Sébastien Veil, elle participe[1] aux premières réunions secrètes de campagne avant même qu'Emmanuel Macron ne démissionne de Bercy – et bien avant que François Bayrou ne le soutienne. Elle apporte donc, à ce moment-là, une caution politique du centre droit non négligeable.

En juillet 2016, il est décidé qu'elle va codiriger le groupe Europe de l'équipe de campagne avec Emmanuel Beaune, qui deviendra numéro deux de la cellule diplomatique à l'Élysée. Début 2017, Sylvie Goulard entre même dans le saint des saints : le comité stratégique de la campagne présidé par

1. Voir, par exemple, l'e-mail du 23 juillet 2016 de Quentin Lafay sur la réunion Idées, dans « Macron's Campaign E-mails » de WikiLeaks.

Emmanuel Macron en personne. Il y a là ses principaux généraux : Alexis Kohler, Richard Ferrand, futur président de l'Assemblée, Philippe Grangeon et Ismaël Emelien, qui seront conseillers spéciaux à l'Élysée, et Gérard Collomb, bientôt patron de Beauvau. Tout naturellement elle sera, elle aussi, récompensée.

Dans le premier gouvernement Philippe, elle récupère le prestigieux poste de ministre des Armées. Mais, très vite, éclate l'affaire des assistants parlementaires des députés européens MoDem, dont Sylvie Goulard. D'après la presse et bientôt les premiers éléments d'une enquête de police, ces petites mains auraient été employées non pas à Strasbourg mais à Paris à des tâches qui n'ont rien à voir avec l'Union européenne. Avant même de s'installer, le nouveau monde apparaît donc furieusement comme l'ancien. Si bien que Sylvie Goulard ne fait pas partie, à sa demande, de l'équipe Philippe II.

Mais Emmanuel Macron n'abandonne jamais ses grognards : il la nomme illico deuxième sous-gouverneure de la Banque de France. Un poste d'attente. Une belle sinécure. Son salaire est plutôt rondelet : 210 000 euros brut par an, à quoi il faut ajouter une indemnité de logement astronomique de 5 700 euros par mois[1] ! Sans être un affreux gauchiste, on

1. Communiqué de la Banque de France du 13 mars 2019.

comprend pourquoi, dans ce monde-là, 5 euros d'Aide personnalisée au logement (APL) ne représentent rien.

On notera aussi que son mari, Guillaume Goulard, qu'elle a rencontré à l'ENA, travaille juste à côté de la Banque de France, dans une autre aile du jardin du Palais-Royal, au Conseil d'État. Après avoir été avocat fiscaliste, il est revenu, comme si de rien n'était, dans la plus haute juridiction administrative comme président de la neuvième chambre en charge du contentieux… fiscal. Comme quoi, même à l'aube d'un nouveau monde, les mœurs de la nomenklatura française n'ont pas changé.

Après les élections européennes, Emmanuel Macron pense toujours à récompenser Sylvie Goulard. Il la propose comme commissaire au portefeuille très élargi. Et tant pis si, quand elle siégeait à Strasbourg, la députée percevait 10000 euros par mois d'un think tank américain[1]. Le chef veut absolument que sa grognarde décroche un poste à sa mesure.

Seulement voilà, les parlementaires européens nouvellement élus détestent ce forcing. Comment une personnalité soupçonnée de comportements non éthiques peut-elle diriger des secteurs aussi vastes et sensibles que la concurrence intérieure et l'industrie de la Défense? Et le 10 octobre 2019, ils

1. Déclaration des intérêts financiers de la députée européenne Sylvie Goulard, le 3 juin 2014.

rejettent massivement sa candidature. Le vote est sans appel : 29 pour, 82 contre. Une humiliation.

Qu'on se rassure, Sylvie Goulard avait pris soin de ne pas démissionner de la Banque de France, elle s'était seulement mise en congés. Elle a donc retrouvé son salaire douillet et probablement son indemnité de logement astronomique.

Les « mormons » de Macron

Lui qui ne lâche jamais ses proches, Emmanuel Macron déteste qu'on l'abandonne. Lorsque ses plus fidèles, les « Mormons », comme se surnomment entre eux ces conseillers, pour la plupart masculins, totalement dévoués à leur chef, rêvent d'autres horizons, le président leur donne davantage pour les retenir. Cédric O était le premier trésorier de la campagne présidentielle. Élu, Macron en fait son conseiller en charge des participations et de l'économie numérique. Avec un salaire confortable : 12 000 euros net par mois, soit beaucoup plus que lorsque Cédric O travaillait dans le privé, chez Safran, où il ne percevait « que » 9 500 euros brut[1]. Démonstration, s'il en était besoin, que le service de l'État n'est pas toujours un sacerdoce, comme veulent le faire croire les intéressés… (À ce propos,

1. Déclaration à la HATVP du 31 mai 2019.

on notera au passage que l'ancien conseiller politique du Premier ministre Edouard Philippe, Gilles Boyer, élu en mai 2019 au Parlement européen, percevait un salaire de 154564 euros net par an à Matignon[1], soit à peu près le même que lorsqu'il dirigeait son cabinet de conseil, Brainstorm.)

Au bout de deux ans, le diplômé de l'École des hautes études commerciales (HEC) en a assez. Cédric O veut davantage. Du privé, les offres affluent. Pour rester auprès du chef, il sera fait ministre. L'a-t-il demandé ? Certains l'affirment. En tout cas, le voilà à trente-six ans bombardé secrétaire d'État chargé du Numérique.

Sa sœur, Delphine O, n'a, elle, que trente-trois ans quand le chef de l'État la fait rien moins qu'ambassadrice. Bon, il ne lui confie pas la représentation de la France à Washington ou à Moscou, elle sera plus modestement secrétaire générale de la Conférence mondiale de l'Organisation des Nations unies sur les femmes. Cette normalienne, diplômée de la prestigieuse Kennedy School of Government de l'université Harvard, en a probablement les qualités requises. Mais, à l'évidence, elle se retrouve là à la suite d'un jeu de chaises musicales à l'intérieur de la Macronie.

1. Déclaration à la HATVP du 12 juillet 2019.

Elle était la suppléante de Mounir Mahjoubi lorsque celui-ci a été élu député de Paris. Comme il est entré au gouvernement, Delphine O l'a remplacé, dès juin 2017, au palais Bourbon, où elle a beaucoup travaillé. Elle y serait bien restée si Mounir Mahjoubi n'avait pas décidé en avril 2019 de quitter le gouvernement pour faire campagne pour la mairie de Paris. Il est donc revenu automatiquement à l'Assemblée et sa suppléante, furieuse, s'est retrouvée Gros-Jean comme devant. Il fallait donc trouver un lot de consolation à cette militante d'En marche de la première heure. Et ce fut ce poste d'ambassadrice. À ma connaissance, elle est désormais la plus jeune de l'histoire !

Les camarades de promo

Emmanuel Macron est aussi toujours prêt à donner un coup de main à certains de ses anciens camarades de l'ENA, la célèbre promotion Senghor. Quitte là encore à forcer les règles ou en inventer d'autres. Voyez l'histoire de cet autre décret taillé sur mesure. Le 3 octobre 2018 les ministres de l'Éducation nationale et de l'Enseignement supérieur présentent en conseil des ministres un texte « portant modification des modalités de nomination des recteurs ». Le but annoncé : « diversifier le recrutement des recteurs ». Comment ? En permettant à davantage de non-titulaires de doctorat (plus précisément, à des « non-titulaires d'habilitation à diriger des recherches») d'occuper cet emploi prestigieux. Jusque-là, seuls six recteurs sur trente pouvaient ne pas être universitaires. Le décret fait passer ce nombre à douze. Intention louable. Apparemment en tout cas.

Car, à y regarder de près, il s'agit d'un texte de circonstance. À l'époque, une source bien informée décrypte ainsi la manœuvre en cours : «En fait, il s'agit d'ouvrir ces postes de recteur à plus d'énarques et plus précisément à une camarade d'Emmanuel Macron à l'ENA[1].» Laquelle ? La secrétaire générale de Sciences Po d'alors, Charline Avenel. L'Élysée et Matignon veulent la bombarder à la tête de l'académie de Versailles, la plus grosse de France, avec plus d'un million d'élèves. Or, cette haute fonctionnaire n'est pas titulaire d'une habilitation à diriger des recherches et le quota de six recteurs dans ce cas est déjà rempli. Il fallait donc l'élargir... Ce tour de passe-passe opéré, plus rien ne s'opposait à cette nomination qui a été effective trois semaines plus tard, le 28 octobre 2018.

Certes, cette énarque de quarante ans connaît le monde universitaire, puisqu'elle a été directrice adjointe du cabinet d'une ministre de l'Enseignement supérieur, Valérie Pécresse. Mais elle n'a jamais été rectrice, même d'une petite académie, et voilà qu'on lui confie la plus grande du pays.

1. Site de *L'Obs* le 3 octobre 2018.

Pourquoi un tel forcing ? La promotion Senghor n'explique pas tout. Charline Avenel dispose d'un atout incomparable pour l'élite parisienne : elle a mené à bien le rachat de l'hôtel de l'Artillerie, un bâtiment magnifique de l'armée situé au cœur du quartier Latin, où Sciences Po va bientôt installer son nouveau campus. Un projet qui a mobilisé la nomenklatura française pendant des mois.

L'école de la rue Saint-Guillaume n'est pas un établissement comme un autre : l'élite administrative le considère comme le joyau de la couronne républicaine – comme sa propriété aussi. Son conseil d'administration regroupe la crème de la haute fonction publique, à commencer par ses deux têtes : le vice-président du Conseil d'État, Bruno Lasserre, et le tout-puissant secrétaire général du gouvernement, conseiller d'État lui-même, Marc Guillaume. Sans parler de deux inspecteurs de finances de renom : Henri de Castries et Pascal Lamy, anciens patrons d'Axa et de l'Organisation mondiale du commerce (OMC). Pour eux, l'installation de Sciences Po dans l'hôtel de l'Artillerie, un ancien couvent dominicain fondé au XVIIe siècle sur la rive gauche de la Seine, dans le très huppé 7e arrondissement de Paris – et non, quelle horreur ! dans une banlieue quelconque – est un triomphe. D'autant plus que l'achat de ces 14 000 mètres carrés a été négocié, au plus haut niveau de l'État, à un prix bien inférieur (87 millions d'euros) à l'estimation des Domaines (104 millions)[1], et cela malgré les grognements du ministre de la Défense de l'époque, Jean-Yves Le Drian. Bref, pour la nomenklatura, il était urgent de récompenser la petite main de cette magnifique opération : Charline Avenel.

L'Élysée assure que tout cela n'est qu'élucubrations, que l'assouplissement des règles dont la secrétaire générale de Sciences Po a bénéficié a été voulu par le chef de l'État « pour ouvrir l'administration à de nouveaux profils » et cela « bien avant que Charline Avenel ne soit dans le radar ». Le Palais a ajouté que c'était Jean-Michel Blanquer qui avait souhaité la nommer à Versailles. J'ai donc posé la question au ministre[2]. Il me l'a confirmé, du bout des lèvres. Mais lorsque je lui ai demandé s'il avait en tête d'autres candidats que Charline Avenel pour les six postes de recteurs non titulaires d'un doctorat ainsi libérés, il m'a répondu, un peu gêné, que non.

De fait, un an après la publication de ce décret, une seule personnalité a été nommée dans ce cadre, et pas n'importe laquelle : Jean-Marc Huart, le numéro deux du ministère, directeur général de l'Enseignement scolaire. Jean-Michel Blanquer voulait lui trouver un point de chute honorable. Il fallait

1. Rapport du sénateur Dominique de Legge, « Le parc immobilier des armées », du 19 juillet 2017.

2. Entretien avec l'auteur, le 3 octobre 2018.

faire place nette à son successeur désigné par le Palais : un maître des requêtes au conseil d'État, Édouard Geffray, certes peu au courant des questions d'éducation mais membre du clan – pendant la campagne présidentielle de 2017, il animait le groupe Liberté et laïcité, il a même coordonné le grand séminaire sur « la disruption politique ». Il lui fallait un poste à la mesure de sa fidélité.

Le jeux de chaises musicales amorcé par le décret s'est conclu ainsi : à Sciences Po, Charline Avenel a, elle, été remplacée par un certain Arnaud Jullian, qui, à Bercy, s'occupait du budget de l'Éducation nationale. Et qui, évidemment, est issu de la promotion Senghor.

Soigner les anciens…

Parmi ses amis, Emmanuel Macron soigne aussi les anciens. Là encore en utilisant le Quai d'Orsay comme maison d'hôtes. C'est le cas de Jean-Pierre Jouyet, ex-secrétaire général de l'Élysée. Cet énarque de la promotion Voltaire, celle de François Hollande, était le patron de l'Inspection des finances quand le jeune Macron y est entré en 2004. Dix ans plus tard, c'est lui qui, dit-on, a insisté auprès de son ami Hollande pour qu'il le nomme ministre de l'Économie. Lui enfin qui a mobilisé son réseau dans la finance et le monde politique pour soutenir la campagne de Macron. Le nouveau président a donc envie de faire plaisir à son mentor, de le remercier pour son soutien en coulisses.

Quelques jours après son élection, il lui offre l'ambassade de France à Londres. Jouyet n'est pas diplomate mais, on l'a vu, le poste d'ambassadeur est à la disposition du gouvernement, donc du président. D'ailleurs, ancien secrétaire d'État aux Affaires européennes de Nicolas Sarkozy, il a toutes les qualités pour remplir le job en ces temps de Brexit. Comme d'autres au Quai d'Orsay. Mais Macron leur préfère son mentor.

Deux ans plus tard, en juin 2019, alors que Jouyet a dépassé l'âge limite de soixante-cinq ans, le président lui accorde une autre faveur : il le rappelle de Londres mais lui fait cadeau du poste de représentant de la France auprès de l'Organisation de coopération et de développement économiques (OCDE), une sinécure à Paris, siège de l'organisation internationale, très convenablement rémunérée. Remarquons que, d'après la loi, le maintien d'un haut fonctionnaire au-delà de l'âge limite de soixante-cinq ans (et pour deux ans seulement) ne peut se faire qu'« à titre exceptionnel » et « dans l'intérêt du service ». Sans être particulièrement mauvaise langue, on ne voit pas trop quel est donc l'intérêt particulier qui justifie cette faveur… Peu importe, on sait que lorsqu'il s'agit de ses amis et de ses compagnons de campagne,

Emmanuel Macron n'hésite pas à s'asseoir sur les règles.

Le Quai d'Orsay sert aussi à Emmanuel Macron pour récompenser ses alliés politiques. En septembre 2017, il nomme Ségolène Royal, qui a eu des mots aimables à son endroit pendant la campagne électorale, ambassadrice des pôles Arctique et Antarctique, pour succéder à Michel Rocard, décédé un an auparavant. Malgré ce qui a été écrit çà et là, elle n'est pas rémunérée mais bénéficie d'un statut exceptionnel dans la maison. Elle dispose de trois collaborateurs mis à sa disposition par le ministère et occupe l'ancien bureau du ministre délégué au Développement, Pascal Canfin.

... et consoler les déçus

Yann Wehrling doit, lui, partager bureau et secrétaire, mais ne se plaint pas. Il est si content d'avoir été fait lui aussi ambassadeur thématique. Il est « délégué à l'écologie », un poste jusque-là occupé par un diplomate. Qu'est-ce qui lui vaut cette amabilité de l'Élysée ? Ancien secrétaire national des Verts devenu secrétaire général du MoDem, le parti allié de La République en marche, Wehrling était pressenti pour remplacer Nicolas Hulot comme ministre de l'Écologie. Mais Macron lui a préféré François de Rugy. Cette ambassade est une sorte de lot de consolation.

Costume gris et cravate noire, le frêle Wehrling cumule les postes et les revenus. Ce diplômé en arts plastiques est conseiller de Paris pour 1800 euros brut par mois d'indemnités et conseiller régional d'Île-de-France pour la même somme. « Au MoDem, je touchais 4500 euros net, précise-t-il[1] franchement. Au Quai, mon salaire mensuel d'ambassadeur est un peu plus élevé : 5300 net. » Au total il perçoit donc chaque mois 8900 euros net d'argent public. Une belle somme.

« On gagne toujours trop pour le lambda moyen, on est cloué au pilori dès que l'on gagne plus de 2000 euros, s'agace-t-il[2] dans un café près de l'Hôtel de Ville de Paris. Je gagne très bien ma vie, je le reconnais. Mais mes activités posent-elles un problème de conflit d'intérêts ? Je ne crois pas. Est-ce que j'ai le temps pour tout faire ? Pour le moment oui. »

Les dessous de l'affaire Jouanno

En tout cas, il a été moins bien servi qu'une autre élue centriste ralliée à Macron pendant la campagne présidentielle, Chantal Jouanno. Il faut dire qu'elle n'est pas titulaire d'une modeste licence en Arts

1. Entretien avec l'auteur, le 15 avril 2019.
2. *Idem*.

plastiques. Elle a fait l'ENA, avec Édouard Philippe de surcroît. Ministre des Sports sous Sarkozy puis sénatrice Union pour un mouvement populaire (UMP) de Paris, elle appelle, entre les deux tours de la présidentielle, au rassemblement autour de l'adversaire de Marine Le Pen. Quelques mois plus tard, elle est nommée à un poste a priori très tranquille : présidente de la Commission nationale du débat public (CNDP). Elle perçoit un salaire très élevé, mais habituel dans le monde de la haute fonction publique, de 176 000 euros brut par an. Ce que personne n'aurait dû savoir. C'est pour calmer la crise des Gilets Jaunes qu'Emmanuel Macron décide de lancer un grand débat, dont l'organisation devrait être confiée à Chantal Jouanno et sa commission. Elle refuse, redoutant que sa commission et elle-même ne servent d'alibi à une « campagne de communication[1] » du gouvernement. Réaction de celui-ci ? Le montant de son salaire est rendu public, et la foule demande sa tête. Sauf que : personne ne peut la démettre. Elle est indépendante. Le porte-parole du gouvernement, Benjamin Griveaux, lui enjoint publiquement de démissionner. En vain. Elle conserve poste et salaire.

1. Laurent Mauduit, « Grand débat : les secrets d'un hold-up », *Mediapart*, 26 janvier 2019.

Comment calmer un ex-ministre furieux

Le chef de l'État nomme aussi pour faire taire. En décembre 2016, le sénateur radical du Cantal, l'avocat Jacques Mézard, refuse de soutenir Sylvia Pinel, la candidate de son parti le Parti radical de gauche (PRG), à l'élection présidentielle. Il lui préfère le jeune Macron qui, dit-il, « incarne le renouveau[1] ». « Il est capable de faire le pont entre nos valeurs et la modernité », ajoute-t-il, dithyrambique. Cela ne durera pas. En mai 2017, il est tout naturellement récompensé et fait ministre, d'abord de l'Agriculture, puis de la Cohésion des territoires. Il est déçu. Très déçu. Il espérait mieux qu'un maroquin réservé aux provinciaux. La Justice, par exemple.

Alors il peste contre les jeunes arrogants qui s'installent au pouvoir et lui font payer son accent du Sud-Ouest et son âge (il va avoir soixante-dix ans). C'est du moins ce qu'il croit et ce qu'il dit en privé à tous les journalistes qu'il rencontre. Il est avocat, tout de même ! Il a même été l'un des leaders étudiants de Mai 68. Pour preuve, il montre une photo de lui dans un journal de l'époque avec Jacques Sauvageot. Il a vu la Macronie en action, il sait des choses. Il pourrait nuire au Président, s'il parlait.

1. *La Montagne* du 4 décembre 2016.

Lors du remaniement d'octobre 2018, il perd son portefeuille. Mais contre toute attente, il ne fait pas de déclaration. Pas une critique, lui qui en avait tant en réserve. Quatre mois plus tard, on comprend pourquoi. Emmanuel Macron le nomme au Conseil constitutionnel. Enfin, le voilà reconnu comme un grand juriste ! Avec un salaire de 160000 euros net par an. En contrepartie, il est tenu à l'obligation de réserve. Il ne dira rien de ce qu'il sait. Pas pendant les neuf années de son mandat, en tout cas. Ça devrait suffire…

Les petits cadeaux d'Édouard Philippe à ses amis

Édouard Philippe sait aussi récompenser ses amis et alliés. En 1995, le futur Premier ministre fait son stage de l'ENA à la préfecture de l'Aude. Durant le mois d'août, il passe trois semaines dans la station balnéaire de Leucate. Il est accueilli par le jeune maire – chiraquien comme lui – qui vient d'être élu : Michel Py. Depuis, les deux hommes ne se sont pas perdus de vue. En avril 2019, le chef du gouvernement nomme son ami inspecteur général de l'Administration du développement durable, un poste de haut fonctionnaire rémunéré aux alentours de 6000 euros net par mois. Cette nomination « au tour extérieur » n'est pas absurde, Michel Py a beaucoup œuvré pour la défense du littoral languedocien. Mais elle est quelque peu gâtée par cette amitié.

Toujours en 1995, le même Édouard Philippe croise au Conseil d'État, où il est maître des requêtes, un jeune auditeur tout juste sorti de l'ENA, un certain Olivier Courson. Les deux hommes resteront proches. En 2003, tandis qu'Édouard Philippe aide Alain Juppé à créer l'UMP, Courson devient secrétaire général de Canal Plus, puis patron de la division production du groupe, Studio Canal. Il ne remettra jamais plus les pieds dans l'institution du Palais-Royal dont il est rayé des cadres en 2013.

En 2017, le nouveau Premier ministre fait de son ami son conseiller culturel. Deux ans plus tard, Courson quitte Matignon. Que va-t-il faire ? Rejoindre le privé ? Tout compte fait, il préfère revenir dans le cocon douillet de l'État et de ses grands corps. Édouard Philippe nomme donc cet ancien du Conseil d'État à la Cour des Comptes.

Une première, je crois, emblématique du pouvoir macronien, de ces hauts fonctionnaires qui vantent sans cesse les mérites du secteur privé mais qui ne renonceraient pour rien au monde à ces privilèges exorbitants dont bénéficient les grands corps de l'État…

4

La grande omerta

Cet aristocrate bien peigné est une incarnation de l'élite républicaine. Un grand commis de l'État dont il connaît intimement les arcanes. Directeur de cabinet d'un ministre à Bercy puis secrétaire général adjoint de l'Élysée sous Jacques Chirac, Augustin de Romanet de Beaune dirige Aéroports de Paris depuis six ans. Emmanuel Macron lui a confié en plus la présidence du domaine de Chambord où le nouveau chef de l'État aime accueillir ses hôtes étrangers et où il a fêté ses quarante ans.

Le 31 mai 2018, Augustin de Romanet est auditionné par une commission du Sénat qui s'intéresse aux travers de la haute fonction publique. On l'interroge sur l'opacité des salaires. De cet énarque de cinquante-huit ans, qui lui-même perçoit le maximum autorisé comme P-DG d'une entreprise publique, 450 000 euros par an[1], on s'attend à de la langue de bois mais il se déboutonne. « Vous savez, reconnaît-il,

1. Rapport 2017-2018 de l'Agence des participations de l'État.

notre État a une tradition de mensonges sur les rémunérations. À la direction du budget, lorsque j'ai [dû répondre à] mon premier questionnaire parlementaire, mon chef m'a conseillé de minorer fortement la réponse à la question portant sur les primes des hauts fonctionnaires.» Il sourit. C'était il y a plus de trente ans mais, il le sait, la même omerta règne aujourd'hui.

S'il faut une preuve de la puissance des hauts fonctionnaires, de leur capacité à faire obstacle à la volonté populaire, la voici : chaque fois que le Parlement a tenté de lever le secret sur leurs rémunérations, ils se sont débrouillés pour faire échouer le projet. Au début du quinquennat Hollande, ils ont pourtant failli perdre la partie.

Nous sommes à l'été 2013. Le scandale Cahuzac est à son comble. Le gouvernement cherche une voie de sortie. Il propose, on l'a vu, une loi radicale sur la transparence de la vie publique. Le texte impose aux huit mille responsables les plus importants de la République, élus et non élus, de déclarer leurs revenus et leur patrimoine à la HATVP. Mieux, il prévoit, dans son article 12, la publication de toutes ces déclarations sur le site de l'Autorité. Une révolution.

Du jour au lendemain, les Français vont pouvoir connaître les rémunérations actuelles et passées des ministres, des maires de métropole, des présidents de département, des conseillers régionaux... mais aussi des hauts fonctionnaires : les directeurs d'administration centrale, les ambassadeurs, les préfets, les trésoriers-payeurs généraux, les recteurs d'académie…

Pour la démocratie, c'est une grande avancée. Pour la noblesse d'État, un affront insupportable. Elle va manœuvrer en catimini.

Manœuvres au Conseil constitutionnel

L'occasion se présente quand plusieurs députés et sénateurs d'opposition – dont le futur Premier ministre Édouard Philippe – saisissent le Conseil constitutionnel. Ces parlementaires veulent l'annulation de quelques points du texte, notamment celui les obligeant à divulguer la profession de leurs parents et de leurs enfants. La cour suprême leur donne gain de cause. Mais elle ne s'arrête pas là.

Ses juristes passent au crible l'ensemble de la loi. Or ces petites mains sont membres du Conseil d'État, un corps qui défend bec et ongles les intérêts de la haute fonction publique. Ils arguent qu'imposer aux grands commis la publication de leurs revenus est une atteinte « disproportionnée » à leur vie privée. Et, sur ce fondement, les Sages retoquent[1] l'article en question. Sans expliquer pourquoi il est, selon eux, juste de rendre publiques les indemnités d'un

1. Décision du Conseil constitutionnel n° 2013-676.

modeste conseiller régional mais injuste de révéler le salaire du directeur du budget ou celui du secrétaire général de l'Élysée, infiniment plus puissants. La ficelle est un peu grosse mais ni l'opinion publique ni la presse, focalisées sur les élus et les ministres, ne remarquent le tour de passe-passe. Mission accomplie : le secret des rémunérations de la haute fonction publique reste bien gardé.

29 000 euros par mois pour un ambassadeur

La digue cependant se fissure de temps à autre. Et, à chaque fois, on découvre un monde où l'on gagne particulièrement bien sa vie. Il y a d'abord les fuites. Grâce à une source, j'ai pu révéler, dans mon précédent livre[1], la liste des cent cinquante salaires les plus élevés de Bercy, tous supérieurs au traitement du président de la République. Le mieux payé, le directeur des finances publiques d'Île-de-France, Philippe Parini, émargeait à 21 000 euros net par mois.

Et, dans un ouvrage antérieur[2], j'ai pu, toujours grâce à des informateurs, publier ces rémunérations d'ambassadeurs que le Quai d'Orsay garde si jalousement. À l'époque, c'était le chef de poste en

1. Vincent Jauvert, *Les Intouchables d'État*, *op. cit.*

2. Vincent Jauvert, *La Face cachée du Quai d'Orsay*, Robert Laffont, 2016.

Afghanistan qui tenait le haut du pavé, 29 000 euros net par mois, du fait d'une indemnité de résidence très élevée, à juste titre.

En épluchant certains documents officiels, on peut aussi dénicher ici ou là d'autres de ces salaires si bien cachés. D'abord dans les déclarations à la HATVP des ministres qui ont occupé auparavant de hauts postes dans la fonction publique, puisque doivent être communiqués les revenus des cinq dernières années.

13 250 euros net par mois pour la directrice de l'ENA

Prenons la déclaration de la garde des Sceaux, Nicole Belloubet[1]. Elle était l'une des neuf Sages quand le Conseil constitutionnel a retoqué l'article de la loi sur la transparence. Grâce à sa déclaration d'intérêts de ministre, on apprend qu'à ce moment-là, elle percevait au Conseil constitutionnel 13 300 euros net par mois. Nathalie Loiseau, elle, a été ministre déléguée aux Affaires européennes puis tête de liste LREM aux élections du Parlement européen à Strasbourg l'année suivante. Avant d'entrer dans l'équipe d'Emmanuel Macron, elle était la patronne de l'ENA. Son salaire était alors étonnamment élevé pour diriger une école publique certes influente mais

1. Déclaration à la HATVP du 16 juillet 2017.

de petite taille : 159691 euros net par an, soit 13250 par mois[1]. Autant que celui du président de la République. Bien plus que celui qu'elle percevra en tant que ministre. Qu'est-ce qui justifie une telle somme ?

Continuons nos explorations. Avant d'être ministre de l'Éducation nationale, rémunéré 8054 euros net par mois, Jean-Michel Blanquer a été directeur général de l'enseignement scolaire pour 12428 euros net par mois[2]. Quant à Élisabeth Borne, la ministre des Transports, elle a dirigé le cabinet de Ségolène Royal à l'Écologie. Elle percevait alors 12154 euros net par mois[3], bien plus que sa patronne.

Enfin, Emmanuelle Wargon, la secrétaire d'État à l'écologie, a été, en 2014, déléguée générale à l'emploi et à la formation professionnelle. Rémunération : 16900 euros net par mois[4]. La noblesse d'État affirme souvent qu'elle est mal payée. Ces exemples dénichés incidemment prouvent qu'il n'en est rien.

Les déclarations des élus peuvent, de la même façon, nous aider à lever un coin du voile sur cet univers si discret. Vincent Chriqui est maire de Bourgoin-Jallieu. Grâce à la HATVP, on apprend que cet énarque a été conseiller parlementaire du Premier ministre François Fillon et qu'il était alors

1. Déclaration à la HATVP du 7 juillet 2019.
2. Déclaration à la HATVP du 27 avril 2019.
3. Déclaration à la HATVP du 21 juillet 2019.
4. Déclaration à la HATVP du 9 décembre 2018.

rémunéré 160 000 euros net par an[1]. Puis il a pris la direction du centre d'analyse stratégique, un organisme d'études et de prospective rattaché à Matignon et bientôt rebaptisé France Stratégie. Son salaire a grimpé : 180 000 euros net par an !

Si Vincent Chriqui n'avait pas été maire, nous n'aurions pas pu savoir que le patron de cette instance publique d'une importance toute relative perçoit un tel traitement. Et qu'il serait peut-être nécessaire de le revoir…

19 000 euros net par mois pour un haut fonctionnaire de l'Assemblée

Il y a d'autres exemples à peine croyables. Prenez un des membres du collège de la HATVP, Daniel Hochedez. Sa déclaration d'intérêts[2] est en ligne depuis peu. Qu'y apprend-on ? Que ce juriste de soixante-sept ans a fait toute sa carrière comme haut fonctionnaire de l'Assemblée nationale. En 2013, il dirigeait le service des finances publiques, qui coordonne le travail des commissions économiques du palais Bourbon. Un job important, certes, mais tout de même… Son salaire était de 19 000 euros net par mois.

1. Déclaration à la HATVP du 17 décembre 2015.
2. Déclaration à la HATVP du 22 mars 2017.

C'est sans doute pour occulter ce genre d'information et continuer à pouvoir bénéficier de telles mannes que la haute fonction publique fait à ce point bloc pour empêcher toute levée du secret sur ses rémunérations.

Enfin, il y a, le 5 de chaque mois, le bulletin mensuel de Bercy, le *Boac*. C'est un peu aride mais très instructif. Depuis 2016, la direction du Budget doit y publier le montant des rémunérations des patrons d'établissements publics telles que négociées avec le directeur de cabinet du ministre. On y découvre les salaires très élevés – et l'omniprésence – d'un grand corps dit technique dont on parle rarement : celui des Ponts. Il « truste » une grande partie des postes, notamment en région parisienne.

30 000 euros par mois pour le patron de la Société du Grand Paris

L'exemple le plus emblématique est celui de Thierry Dallard, directeur de la Société du Grand Paris (SGP) qui coordonne le chantier des 200 kilomètres du Grand Paris Express. Cet X-Ponts, ancien président de l'Union des ingénieurs des Ponts, des Eaux et des Forêts, est l'archétype du « rétropantoufleur », un haut fonctionnaire qui fait des allers-retours entre le secteur public et le secteur privé.

Thierry Dallard a été sous-directeur des routes au ministère de l'Équipement, puis directeur France d'un grand fonds d'investissement, Meridiam, avant de prendre la direction de la SGP où il perçoit la bagatelle de 300 000 euros par an de rémunération fixe plus 60 000 euros de variable[1].

Enfin, il y a comme source d'information les « jaunes budgétaires » annexés aux lois de finances. Dans celui consacré aux « effectifs des cabinets ministériels en 2017 », l'ex-député René Dosière[2], président de l'Observatoire de l'Éthique publique, a déniché une pépite, qui justifie à elle seule le combat pour plus de transparence.

Au détour des tableaux listant le nombre de conseillers à Matignon ou au ministère de la Solidarité, il découvre que, sous Édouard Philippe, les rémunérations des membres des cabinets ministériels ont flambé : plus 20 % par rapport aux gouvernements précédents, passant de 7 600 euros brut par mois en moyenne à plus de 9 000 ! « Une hausse vertigineuse qui n'a pas de précédents, s'insurge René Dosière. Elle rompt avec l'évolution constatée au cours du gouvernement Valls où l'on assistait à une diminution progressive des rémunérations. »

1. *Bulletin officiel de l'administration centrale des ministères économiques et financiers* (*Boac*). Décision de la direction du budget du 30 mai 2018.

2. Blog de René Dosière du 31 octobre 2017. Voir par ailleurs son ouvrage *Frais de palais*, L'Observatoire, 2019.

Mais à l'époque, à l'automne 2017, l'équipe Macron, qui s'installe, est encore très populaire. L'information ne fait pas scandale. Il en serait autrement aujourd'hui. Voilà peut-être pourquoi l'équipe Philippe refuse d'aller plus loin et de rendre publiques les rémunérations des hauts fonctionnaires.

Début 2019, pourtant, certains au gouvernement, à sa gauche en tout cas, envisagent de s'y résoudre. C'est qu'il faut tenter de calmer une autre crise, bien plus grave que celle provoquée par les mensonges de Cahuzac : les Gilets Jaunes. Autour des ronds-points, les manifestants exigent davantage de transparence sur tout, et notamment sur les privilèges des gouvernants.

La pression est à son comble quand, début janvier, on apprend, par une fuite, le montant de la rémunération de Chantal Jouanno. La ministre de la Santé, Agnès Buzyn, évoque alors une « remise à plat » de tous les salaires – des milliers – de la haute fonction publique. Les journaux s'empressent – trop rapidement – de titrer sur la fin prochaine de l'omerta.

« Cette opacité, les gens n'en peuvent plus »

Un jeune parlementaire de trente-cinq ans prend Agnès Buzyn au mot. Il s'appelle Christophe Naegelen. Député divers droite des Vosges, il dirige une entreprise familiale d'ameublement qui emploie une soixantaine de personnes. « Venant du privé, cette opacité m'exaspère, les gens n'en peuvent plus, ça ne peut plus durer[1] », explique-t-il.

Le 9 mars 2019, il dépose une proposition de loi signée par trente-six de ses collègues de tous bords, dont Jean-Christophe Lagarde, le patron de l'UDI, François Ruffin de La France insoumise, la socialiste Christine Pires Beaune et Emmanuelle Ménard, proche du Rassemblement national.

L'exposé des motifs est limpide : « S'agissant des parlementaires, écrit-il, cela fait déjà plusieurs années que la transparence de leurs rémunérations est rendue obligatoire par la loi. Il ne semble pas y avoir de raison allant à l'encontre d'une politique similaire en ce qui concerne les hauts fonctionnaires. » Il argumente : « Cette proposition de loi vise à rendre publiques ces rémunérations qui font l'objet d'opacité et parfois d'irrégularités voire d'illégalité. »

Il rappelle que, en 2018, la Cour des comptes a durement attaqué Bercy sur le sujet. La Cour « a relevé des dispositifs de rémunération sans fondement légal et des niveaux élevés de salaires difficiles à justifier, écrit-il. Une telle mesure de transparence permettrait de constater tout manquement ou irrégularité. » Mais Matignon n'en veut pas. Il veille à ce

1. Entretien avec l'auteur, le 4 septembre 2019.

que la proposition ne vienne pas à l'agenda de l'Assemblée. « J'étais très déçu », soupire le député.

Quelques jours plus tard, le gouvernement dévoile son grand projet de loi sur la fonction publique. Il y est question des carrières, des contractuels et d'autres choses encore. Mais rien sur la publication des salaires.

Un blâme pour le député Édouard Philippe

Ce n'est pas étonnant. Lui-même haut fonctionnaire, le Premier ministre déteste la transparence sur ces sujets et le fait savoir. Quand il était député, Édouard Philippe a écopé d'un blâme de la HATVP[1] pour avoir rempli sa déclaration de patrimoine de manière désinvolte. À la rubrique concernant le montant de ses actifs immobiliers, il a écrit négligemment « aucune idée » ! Une autre fois, il note « je ne comprends pas la question ». Au sujet de ses activités d'avocat exercées de 2011 à 2012, il note avec une pointe d'exaspération : « Je ne suis pas certain de comprendre la question, écrit-il dans cette déclaration pour sa part consultable librement sur Internet. Vous voulez connaître mon taux horaire au jour de l'élection ? Ma rémunération mensuelle moyenne ? Annuelle ? »

1. *Mediapart*, 12 mai 2017.

Mais, tels des Sisyphe, d'autres parlementaires, y compris de son bord politique, reviennent à la charge et font pression pour que la loi en discussion intègre cette question des salaires des hauts fonctionnaires.

Au palais Bourbon, la discussion a lieu le 3 mai 2019[1]. Yannick Favennec Becot, député UDI de Mayenne, propose un amendement visant à plafonner ces traitements au niveau de celui du Premier ministre. «Les rémunérations très élevées de certains agents publics sont difficiles à justifier», explique-t-il. Mais la rapporteuse de la loi, la députée LREM Émilie Chalas, n'a cure de cet argument. Elle en avance un autre très dans l'air du temps, vorace : «Alors que nous souhaitons ouvrir la fonction publique aux meilleurs talents et faciliter les allers-retours avec le secteur privé, comment attirer ces talents si nous ne les rémunérons pas en fonction de leurs compétences ?» Et tant pis si certains salaires sont difficilement justifiables. L'amendement est rejeté.

Le cas Jacques Toubon et consorts

L'idée de plafonnement est acceptée dans un seul cas : celui de Jacques Toubon et consorts. On s'en souvient : après qu'il a dénoncé plusieurs fois la politique d'immigration d'Emmanuel Macron et

1. Compte rendu dans le rapport 1924 de l'Assemblée nationale.

l'utilisation des Flash-Ball par la police, le défenseur des droits est durement attaqué sur ses revenus. Est-il victime d'une fuite organisée par le pouvoir ? Certains l'affirment.

En tout cas, *Le Canard enchaîné* du 16 janvier 2019 révèle qu'il cumule un salaire de 160 000 euros brut auxquels s'ajoutent « ses pensions d'administrateur civil et de conseiller d'État, ainsi que sa triple retraite d'adjoint au maire de Paris, de député et de parlementaire européen ». Soit un total d'environ 30 000 euros par mois. Le scandale est considérable.

On se demande comment un tel cumul est possible. Un article de loi stipule en effet qu'un fonctionnaire à la retraite ne peut augmenter ses revenus de plus d'un tiers de sa pension. Mais en 2003, un alinéa, passé totalement inaperçu à l'époque, en exclut les revenus perçus par les membres des autorités indépendantes (tel le Défenseur des droits) – quelques lignes mitonnées en catimini par le Conseil d'État afin que ses retraités, comme Jacques Toubon, puissent arrondir leur retraite sans limite. Le gouvernement propose un plafonnement du cumul emploi-retraite pour tous les hauts fonctionnaires.

La « mesurette » du gouvernement

Mais les députés d'opposition ne se satisfont pas de cette mesure. Ils reviennent à la charge. En pointe,

Olivier Marleix, député LR d'Eure-et-Loir, grand pourfendeur des turpitudes de la haute administration. En commission, il interpelle le secrétaire d'État à la Fonction publique, Olivier Dussopt. « En 2016, lance-t-il, j'avais adressé à votre prédécesseur une question écrite pour lui demander combien de hauts fonctionnaires étaient rémunérés "hors échelle lettre", c'est-à-dire entre 4000 et 12000 euros net par mois. La réponse qui m'a été faite m'a un peu sidéré, puisqu'il se trouve que ces hauts fonctionnaires sont au nombre de 70000. Je vous ai demandé à plusieurs reprises, en vain, comment se répartissent ces 70000 plus hauts salaires. »

Le ministre bafouille : « Je n'ai pas en tête le chiffre que vous me réclamez : je vous le ferai donc communiquer. – Ce n'est pourtant pas la première fois que je vous le demande », rétorque le député. Dos au mur, Olivier Dussopt lâche : « Nous sommes favorables à un approfondissement en matière de transparence ! »

Puis il fait un aveu qui fait écho à celui d'Augustin de Romanet d'Aéroports de Paris devant les sénateurs : « Les traitements des plus hauts fonctionnaires sont généralement reconstituables, mais nous pouvons progresser dans ce domaine », reconnaît-il. Autrement dit, les administrations déploient beaucoup d'efforts pour qu'on ne puisse pas « reconstituer » ces salaires, primes comprises. Pour que l'omerta perdure.

Le ministre Olivier Dussopt propose-t-il donc d'y mettre fin ? En fait, non. Ce serait franchir la ligne rouge qu'Édouard Philippe lui a imposée. « Je ne suis pas favorable, prévient-il, à la publication de listes nominatives mentionnant la rémunération à l'euro près de ceux qui sont concernés. » Pourquoi ? Il ne le dit pas.

Alors que propose-t-il ? Une véritable usine à gaz : « La publication de référentiels indiquant combien, dans quel ministère, un poste de direction d'administration centrale est rémunéré, suivant une échelle de salaire suffisamment explicite pour donner une indication claire. »

Bref, un semblant de transparence, dans l'espoir que les esprits fouineurs se fatigueront. La mesurette est adoptée.

La digue tient encore. Jusqu'à quand ? Une nouvelle crise, comme celle des Gilets Jaunes ? Quand nos élites comprendront-elles enfin que cette opacité est l'une des causes profondes de la colère populaire ?

5

La fortune des pantoufleurs

Jusqu'en mai 2019, Fabrice Aubert occupait un bureau à l'Élysée, à côté de celui d'Emmanuel Macron. Le voilà installé au siège du plus grand promoteur immobilier français, Nexity, au dernier étage, celui de la direction, avec moquette et ascenseur privé. Ancien conseiller du chef de l'État, il est désormais secrétaire général de ce groupe coté en Bourse. Avec le salaire, très élevé, qui est de mise.

Lunettes sages, col ouvert, sourire courtois, ce haut fonctionnaire de trente-cinq ans n'affiche pas l'arrogance de certains de ses congénères qui gravitent au sommet du pouvoir. Mais il a l'assurance des princes de la République, ces membres des grands corps – il est maître des requêtes au Conseil d'État – certains d'avoir une carrière si ce n'est un destin. De l'argent aussi.

Fabrice Aubert est sorti « dans la botte », c'est-à-dire parmi les premiers de l'ENA, dans la promotion Émile Zola. « Tiens, l'auteur de *La Fortune des Rougon*, dis-je, en passant.

— Vous y voyez un parallèle ?, demande-t-il, inquiet. Ce n'est pas pour l'argent que je suis parti de l'Élysée, s'empresse-t-il d'ajouter. J'étais épuisé, la vie de cabinet vous prend tout. Je ne voulais pas risquer un divorce. Et comme j'avais déjà travaillé dans ce groupe…

— Tout de même, rétorqué-je, votre prédécesseure chez Nexity, haute fonctionnaire aussi, a gagné 500 000 euros[1] en 2018, la perspective d'une belle somme a dû jouer.

— Cinq cent mille euros, c'est à peine plus que le salaire d'un dirigeant d'entreprise publique[2] », m'interrompt-il, comme s'il sentait le besoin de se justifier.

Le pantouflage, un sport de masse

À l'aube de la Ve République, Charles de Gaulle lançait aux élèves de l'ENA : « Vous avez choisi la plus haute fonction qui soit dans l'ordre temporel : le service de l'État. » De ce sacerdoce républicain, il ne reste plus grand-chose. Pour les membres des grands corps, l'aller-retour entre le secteur public et le privé, le pantouflage et le rétropantouflage, est devenu un

1. Document de référence 2018 de Nexity.
2. Depuis un décret de 2012, un P-DG d'entreprise publique ne peut recevoir un salaire supérieur à 450 000 euros annuels.

sport de masse, pratiqué de plus en plus jeune. Avec son lot d'innombrables conflits d'intérêts.

Le phénomène existe depuis plusieurs années, il s'est accentué pendant le quinquennat de Nicolas Sarkozy, mais il a pris une ampleur inédite après l'élection présidentielle de 2017. Ce n'est pas un hasard. L'exemple vient du sommet. Pour la première fois dans l'histoire, les quatre patrons de l'exécutif à l'Élysée et à Matignon sont eux-mêmes des «pantoufleurs» et des «rétropantoufleurs». Comme chacun sait, l'inspecteur des Finances Emmanuel Macron a très vite rejoint la banque d'affaires Rothschild, tandis qu'Édouard Philippe, membre du Conseil d'État, a fait du lobbying pour Areva et a été avocat d'affaires dans un grand cabinet anglo-saxon.

Ce n'est pas tout : le secrétaire général de la présidence, Alexis Kohler, et le directeur de cabinet du Premier ministre, Benoît Ribadeau-Dumas, deux énarques eux aussi, ont également fait plusieurs allers-retours lucratifs entre le public et le privé. Du jamais-vu.

Comment s'étonner alors que, dans les dix-huit mois qui ont suivi l'installation de ces quatre personnalités au pouvoir, pas moins de quarante conseillers ministériels, s'inspirant de leurs modèles, aient demandé à rejoindre le privé[1] ? Une hémorragie sans

1. Chiffre donné le 2 avril 2019 par Matignon en réponse à une question écrite de la députée socialiste Cécile Untermaier.

précédent. Sans parler des hauts fonctionnaires en poste ailleurs dans l'État dont le nombre de départs n'est pas comptabilisé. Tous ou presque pantouflent évidemment dans des secteurs régulés où ils peuvent monnayer – cher – leur connaissance intime de l'État, de ses décideurs et de ses faiblesses. Si bien que, oui, il faudrait un nouveau Zola pour raconter cette nouvelle élite – les hauts fonctionnaires enrichis dans le privé – qui n'est peut-être pas tellement éloignée de celle du Second Empire décrite de manière si cruelle dans *La Curée*.

Les cas récents les plus emblématiques concernent les filiales françaises des Gafa (Google, Apple, Facebook et Amazon). En 2017, Benoît Loutrel, directeur général de l'Arcep, l'autorité de régulation des communications, devient, du jour au lendemain, directeur des affaires publiques, autrement dit lobbyiste, de Google. L'année suivante, c'est Yohann Bénard, maître des requêtes au Conseil d'État, qui devient, lui aussi du jour au lendemain, lobbyiste en chef d'Amazon France. Et cela au moment même où le gouvernement cherche à taxer les Gafa, projet que les deux géants d'Internet entendent évidemment combattre.

Il y a le secteur bancaire aussi. Dorothée Stik est une jeune femme particulièrement brillante. Louis-le-Grand, Normale sup, ENA, elle est l'incarnation de la méritocratie française. Très vite repérée par l'establishment, elle rejoint le cabinet d'Emmanuel Macron en 2014. Elle participe à sa campagne présidentielle tout en travaillant à la direction du Trésor. Mais un mois après la victoire de son candidat, elle choisit la banque d'affaires, celle de l'inspecteur des finances Jean-Marie Messier, active dans de nombreux deals impliquant l'État.

Salim Bensmail est sorti de l'ENA en 1999. En 2014, il devient monsieur Partenariat public-privé (PPP) de l'État. Pendant cinq ans, il a conseillé les ministères et les collectivités qui veulent financer leurs infrastructures par des fonds privés. Il connaît donc parfaitement tous les décideurs publics, tous leurs projets. En 2019, il passe de l'autre côté. Il pantoufle comme patron de la stratégie du groupe britannique John Laing, un géant des… PPP qui veut se développer en France, notamment dans les éoliennes. Toujours dans le bâtiment, prenez Régine Engström, secrétaire générale de plusieurs ministères dont celui du Logement qui, en septembre 2019, est débauchée par Nexity, le leader de ce secteur très régulé.

Voici enfin le cas de ces deux très proches conseillers d'Emmanuel Macron qui étaient avec lui pendant toute la campagne et qui, deux ans après la prise du pouvoir, sont retournés dans le monde des affaires – et pas n'importe lequel. Ismaël Emelien était le conseiller spécial du candidat puis du Président. À l'Élysée, ce Sciences Po de trente-deux ans occupait de fait le poste de numéro trois, derrière le chef de l'État et son secrétaire général, Alexis Kohler. Après avoir été mêlé à l'affaire Benalla, il s'est éclipsé pour créer une société de conseil. Son premier client : le P-DG du géant du luxe LVMH, Bernard Arnault – le quatrième homme plus riche du monde, selon *Forbes*.

L'ancien conseil en communication d'Emmanuel Macron, Sylvain Fort a lui rejoint le troisième milliardaire le plus riche de France, François Pinault, dont il gère désormais l'immense collection d'œuvres d'art.

L'irrésistible attrait de l'argent

Cette ruée vers le privé a plusieurs causes. L'État gère très mal la carrière de ses cadres supérieurs et les postes intéressants y sont, semble-t-il, moins nombreux qu'autrefois. Mais il y a aussi – surtout – cet irrésistible attrait de l'argent.

Certes, comme nous venons de le voir[1], les salaires de la haute fonction publique sont confortables, bien plus que ce que les intéressés ne le disent. Et, malgré les affirmations des hauts fonctionnaires qui ne veulent pas qu'on y regarde de plus près, même le pantouflage dans des entreprises publiques est très

1. Voir chapitre précédent p. 89.

rentable. Le salaire de leurs patrons est limité à 450 000 euros par an mais rien, apparemment, ne leur interdit d'arrondir leurs fins de mois par des jetons de présence dans des conseils d'administration de sociétés privées liées à l'État.

Ainsi Guillaume Pépy, le P-DG de la SNCF, et Delphine Ernotte, présidente de France Télévisions, sont administrateurs du géant de l'eau et de la gestion des déchets, Suez, dont les pouvoirs publics contrôlent une partie importante dans la capitale. Tous les deux animent des comités spécialisés du « board », l'un consacré à l'audit, l'autre à l'éthique, ce qui leur donne droit à un bonus. Du coup, Guillaume Pépy a perçu 73 000 euros en 2018, et Delphine Ernotte 49 000 euros[1].

Mais lorsque les hauts fonctionnaires franchissent le Rubicon et vont carrément dans le privé, les sommes deviennent vite plus astronomiques encore. Et continuent de grimper en flèche. La preuve : la rémunération moyenne des patrons du CAC 40 – dont plus d'un sur trois a été un grand commis de l'État – s'élevait à 5,7 millions d'euros en 2018, en progression de 12 % par rapport à l'année précédente[2]. Et, juste en dessous, les autres cadres dirigeants de ces grands groupes perçoivent souvent plus d'un million d'euros par an.

1. Document de référence 2018 de Suez.
2. Étude de Proxinvest, novembre 2019.

C'est dans la perspective de décrocher une telle manne que nos hauts fonctionnaires désertent, de plus en plus tôt – « la plus haute fonction qui soit dans l'ordre temporel », comme disait de Gaulle. Ceux qui résistent et choisissent de poursuivre leur carrière au service des autres dans la fonction publique ou dans des ONG n'en sont que plus méritants…

600 000 euros en six mois pour le « dircab » de Philippe

Commençons par l'actuel numéro deux de Matignon, un polytechnicien sorti major de l'ENA. Benoît Ribadeau-Dumas est un grand ami d'Édouard Philippe qu'il a rencontré justement à l'ENA et avec lequel il a passé plusieurs années au Conseil d'État. Cet éminent représentant de la technocratie a déjà travaillé à Matignon – non loin d'ailleurs de son domicile d'enfance – quand, tout jeune haut fonctionnaire, il a conseillé Jean-Pierre Raffarin. Lorsque Lionel Jospin l'a remplacé, Benoît Ribadeau-Dumas a rejoint des entreprises semi-publiques du secteur de la Défense, sans, évidemment, démissionner du Conseil d'État. Si bien qu'en novembre 2016, il devient membre du directoire de Zodiac Aerospace, un équipementier aéronautique que l'État entend marier avec le géant Safran, qu'il contrôle. Il y reste jusqu'à son retour à Matignon, en mai 2017. Pendant ces six mois – où il était toujours membre du Conseil d'État ! – il a gagné plus de 600 000 euros[1].

Certes, en revenant dans le service public avec un salaire nettement moins exorbitant, il fait preuve d'une abnégation certaine – qu'il met surtout, soyons juste, au service de son ami Philippe. Mais, à coup sûr, elle sera récompensée. Car, lorsque l'aventure politique sera terminée, et s'il décide de retourner dans le privé, Benoît Ribadeau-Dumas, fort de ces nouvelles connaissances de l'État et de son réseau ainsi élargi, pourra espérer bien davantage que chez Zodiac.

Les 10 millions de François Pérol, le pantoufleur controversé

Il suffit de regarder le parcours de l'un de ses prédécesseurs à Matignon, le directeur de cabinet d'Édouard Balladur au début des années 1990, l'énarque Nicolas Bazire. Depuis vingt ans, cet ancien conseiller maître à la Cour des Comptes, témoin de mariage de Nicolas Sarkozy, pantoufle comme directeur général du géant du luxe LVMH. Le dernier rapport annuel du groupe montre que l'ancien de Matignon détient désormais 110 000 actions du

1. Rapport annuel 2016-2017 de Zodiac Aerospace.

groupe qui valent au total plus de 40 millions d'euros. On est loin en effet du sacerdoce...

Autre exemple de pantouflage très juteux d'un haut fonctionnaire venant du sommet de l'État : on se souvient du scandale provoqué en 2009 par la nomination à la présidence de la BPCE de François Pérol, secrétaire général adjoint de l'Élysée sous Nicolas Sarkozy. Comme il a participé, depuis l'Élysée, à la création de ce groupe issu de la fusion des Caisses d'Épargne et de la Banque Populaire, on l'a accusé de prise illégale d'intérêts.

Au bout de huit ans de procès, cet ex-major de l'ENA, inspecteur des finances, a été relaxé[1]. L'épreuve judiciaire a dû être douloureuse. Mais l'expérience n'a pas eu que du mauvais... En 2017, en tant que président de la BPCE, il a gagné la bagatelle de 1,4 million d'euros[2]. Et 1,3 million pour les six premiers mois de 2018, avant qu'il ne démissionne pour rejoindre la banque Lazard[3]. Au total, depuis le début de son pantouflage en 2009, il a encaissé plus de 10 millions d'euros[4]. De quoi mettre du baume au cœur. Et susciter des vocations.

1. Décision de la cour d'appel de Paris du 29 juin 2017.
2. Document de référence de la BPCE 2017.
3. Document de référence de la BPCE 2018.
4. Calcul de l'auteur à partir des documents de référence de la BPCE de 2009 à 2018.

Nicolas Namias perçoit 700 000 euros par an

D'ailleurs, un haut fonctionnaire de la génération suivante l'a rejoint à la BPCE, quelques années plus tard. Il s'appelle Nicolas Namias. Il est le frère de Fabien, l'ancien patron d'Europe 1, et le fils de Robert, qui a dirigé l'information de TF1 au tournant des années 2000. Il a fait l'ENA avec Emmanuel Macron. Il en sort au Trésor où il commence une belle carrière avant de devenir le conseiller économique du Premier ministre Jean-Marc Ayrault. Quand ce dernier quitte Matignon, Nicolas Namias entre chez Natixis, une filiale de la BPCE, dirigée donc par François Pérol. En 2018, il est nommé directeur général de la banque et membre du directoire du groupe. Il touche selon le document de référence 2018 de la BPCE plus de 700 000 euros par an.

Maud Bailly a remplacé Nicolas Namias à Matignon comme conseillère économique du Premier ministre, Manuel Valls cette fois. Elle y reste dix-huit mois puis se retrouve en avril 2017 bombardée au comité exécutif du groupe hôtelier Accor. Cette inspectrice des finances de gauche fait donc partie des douze membres de ce « comex », qui, selon le document de référence de la société, ont en 2018 perçu 9 millions d'euros[1] au total, soit 750 000 euros en moyenne par personne.

1. Selon le document de référence 2018 d'Accor.

On a vu que la même année, Nicolas Sarkozy a, lui, touché près de 80 000 euros de jetons de présence comme membre du conseil d'administration du même groupe Accor[1]. Dans le monde des affaires, l'argent ne connaît pas de camp politique…

L'énarque Ramon Fernandez, fils de l'écrivain Dominique Fernandez, a, lui aussi, travaillé sous les ordres de François Pérol à l'Élysée. Puis, en 2009, Nicolas Sarkozy le nomme patron de la direction du Trésor d'où il part, cinq ans plus tard, directement chez Orange, comme bras droit du P-DG, l'inspecteur des Finances Stéphane Richard. Depuis, la rémunération de Ramon Fernandez a été multipliée par quatre ou cinq. En 2016, il a perçu 915 000 euros, puis 1 million en 2017 et 1,1 million en 2018[2].

Une énorme prime pour la DG du géant des EHPAD

Normalienne, diplômée en allemand et en histoire, Sophie Boissard a un parcours universitaire d'exception. En 1996, elle est sortie dans la botte de l'ENA. Ses camarades de promotion deviendront patron de la chaîne Arte ou directeur de cabinet de Bruno

1. Document de référence 2018 d'Accor.
2. Documents de référence 2016, 2017 et 2018 d'Orange.

Le Maire. Elle a choisi le Conseil d'État. Une grande carrière dans la fonction publique s'ouvrait à elle.

De fait, elle a conseillé des ministres, un chef de gouvernement, elle a même été la dernière commissaire au plan. Mais, en 2016, à quarante-six ans, elle décide de pantoufler. Pas dans la finance, ni dans un cabinet d'avocats d'affaires. Chez Korian, le leader européen des établissements d'hébergement pour personnes âgées dépendantes (EHPAD), dont elle prend, du jour au lendemain, la direction générale, sans avoir jamais travaillé dans ce secteur très régulé.

Les actionnaires du groupe l'ont-ils choisie justement pour ses relations dans l'État et plus généralement dans le monde politico-administratif ? En tout cas, celles-ci ne peuvent pas nuire… Surtout quand, deux ans plus tard, en 2018, Korian est éreinté par la presse et un rapport parlementaire et que ses salariés français se mettent en grève, estimant ne pas avoir assez de moyens pour accompagner les personnes âgées de leurs établissements.

Sophie Boissard parvient à calmer l'orage. Elle en est remerciée par le conseil d'administration : cette année-là[1], 2018, la haute fonctionnaire touche un million d'euros contre « seulement » 883 000 l'année précédente. On notera que la moitié de sa rémunération variable est conditionnée par le *cash flow* de

1. Document de référence 2018 de Korian.

l'entreprise, c'est-à-dire ses liquidités, tandis que la « satisfaction des résidents et des patients » n'entre que pour quelques pourcents dans ce calcul. On notera également que Sophie Boissard n'a toujours pas démissionné du Conseil d'État, elle est seulement en disponibilité. Elle peut revenir dans la haute fonction publique quand elle le souhaite. C'est la loi[1].

Les aventures de « Corso » chez Lazard

Ces pantouflages en masse posent de plus en plus souvent la question de conflits d'intérêts. Trois cas récents en témoignent tout particulièrement.

Dans ce café parisien, l'homme parle bas. C'est un banquier d'affaires, pas un perdreau de l'année. Des coups tordus, limites, il en a vu dans sa carrière. « Mais là, confie-t-il en ce printemps 2018, ça dépasse les bornes. Vous avez vu le pantouflage de Corso ? » Corso Bavagnoli : une figure de Bercy. « Un homme de droite très sympathique », dit de lui l'ancien ministre socialiste Michel Sapin[2]. Sorti dans la botte de l'ENA en 2001, la promotion de Laurent

1. Par un e-mail de sa responsable presse, le 18 juin 2019, Mme Boissard a fait savoir qu'elle ne souhaitait pas répondre aux questions de l'auteur.

2. Entretien avec l'auteur le 13 septembre 2019.

Wauquiez, il choisit l'inspection des finances. Très vite, il se retrouve conseiller économique du Premier ministre, François Fillon. Puis il fait carrière à la prestigieuse direction du Trésor sous les ordres de Ramon Fernandez. En 2015, il prend la tête du service dit « du financement de l'économie », qui fait de lui l'interlocuteur numéro un, dans l'État, du secteur bancaire et des assurances.

À quarante-cinq ans, « Corso » décide, lui aussi, de pantoufler dans le privé. En janvier 2018, Matthieu Pigasse, le patron de Lazard France, lui propose de devenir associé gérant de sa puissante banque d'affaires. Une proposition alléchante. Mais a-t-il le droit de l'accepter ? La Commission de déontologie de la fonction publique est saisie. C'est elle qui donne un avis, avec ou sans réserve, sur les pantouflages de tous les fonctionnaires. Elle se réunit le 8 mars 2018. Autour de la table, cinq personnes, dont un inspecteur des finances comme « Corso », et deux membres d'autres grands corps. Ils écoutent le rapport de l'auditeur du Conseil d'État chargé de l'affaire, Vincent Ploquin-Duchefdelaville, tout juste sorti de l'ENA.

Quand il était à Bercy, affirme[1] le jeune rapporteur, Corso Bavagnoli n'a pas « assuré la surveillance ou le

1. Avis n° 18E0363 du 8 mars 2018 de la Commission déontologique de la fonction publique.

contrôle de Lazard Frères ni de toute autre entreprise ayant [des liens] avec elle». En outre, ajoute-t-il, il travaillera au sein du département affaires financières de la banque, ce qui ne sera pas «de nature à compromettre l'indépendance ou la neutralité» de son ancien service. Voilà pourquoi, selon Vincent Ploquin-Duchefdelaville, la Commission de déontologie peut lui donner son feu vert, «sous réserve qu'il s'abstienne de toute relation professionnelle à son initiative avec la direction générale du Trésor». Convaincu par cet argumentaire, le président, Roland Peylet, un conseiller d'État honoraire, signe.

«C'est ahurissant, murmure notre banquier, ils n'ont pas vu l'essentiel : d'abord, Lazard Frères SA est, certes, une banque d'affaires qui n'est pas donc contrôlée par l'État comme les établissements qui font appel à l'épargne, genre BNP ou Société Générale, mais Lazard Frères Banque, si, c'est une banque commerciale dont le siège se situe dans le même immeuble que la banque d'affaires, boulevard Haussmann à Paris, et qui jusqu'en 2017, avait le même président. Autrement dit, tout porte à penser que Corso surveillait bien une entreprise liée à son futur employeur.»

Il ajoute, en levant les bras au ciel : «Et puis, rendez-vous compte, Corso va, chez Lazard, s'occuper d'un secteur très précis que l'on appelle dans notre jargon le FIG [Financial Institutions Group] : la fusion des banques et des assurances ! À la direction du Trésor, il recevait les grands banquiers de la place pour négocier de nouvelles dispositions dans la régulation du secteur. Et, juste après avoir quitté Bercy, il va taper à leur porte pour leur proposer des deals au nom de Lazard Frères ! Cela ne s'est jamais vu ! »

Sur ces deux conflits d'intérêts éventuels, j'ai interrogé le jeune rapporteur[1]. Vincent Ploquin-Duchefdelaville se défend en assurant qu'il n'y en a aucun puisque, à Bercy, Corso Bavagnoli n'avait, selon lui, aucun pouvoir de sanction sur Lazard Frères Banque (la banque commerciale), ce pouvoir étant réservé à l'autorité indépendante de supervision du secteur, l'Autorité de contrôle prudentiel et de résolution (ACPR). Je lui rétorque qu'un arrêté de 2009 stipule que le patron du service du financement de l'économie, le dernier job de Corso à Bercy, « représente, le cas échéant, son directeur général du Trésor dans les instances de l'ACPR » et que de ce fait, il avait un pouvoir de sanction sur Lazard Frères Banque, une entreprise liée à son futur employeur. Mais il n'en démord pas.

Que pense-t-il alors de l'affectation de Corso Bavagnoli au FIG de Lazard ? Sa réponse est stupéfiante : « Sa demande [à la Commission de déontologie] ne faisait pas mention de la responsabilité FIG »,

1. E-mail de l'auteur à M. Ploquin-Duchefdelaville du 7 septembre 2019.

me répond l'auditeur au Conseil d'État en précisant, de manière désinvolte, que, de toute façon, il ne sait pas « ce qu'elle recouvre ». Point. « Cette négligence est dingue, commente notre source. Du jour au lendemain, Corso va augmenter considérablement ses revenus, et on ne prend même pas la peine de pousser l'enquête jusqu'au bout ! »

Après que je leur ai plusieurs fois demandé de réagir à ces interrogations, le service de communication de Lazard ainsi que Corso Bavagnoli ont fini par répondre. Leur argumentaire est habile. La porte-parole de la banque d'affaires assure que « les associés de Lazard Frères doivent pouvoir servir tous types de clients, en fonction des circonstances, et ne peuvent donc pas être affectés à un secteur ou un domaine particulier[1] » et que donc l'ancien de Bercy « a été recruté dans cet esprit ». Autrement dit, Lazard ne l'aurait pas débauché pour s'occuper exclusivement du secteur bancaire et des assurances, où il a ses entrées grâce à ses anciennes fonctions. Mais implicitement cela veut dire que rien ne l'empêche de démarcher des clients de ce secteur. Et, d'après mes informations, c'est même son activité principale, si ce n'est l'unique.

« Il est vrai que, chez Lazard, les associés gérants ne sont pas affectés à un secteur précis mais il y a

1. E-mail de Mme Grux à l'auteur le 4 octobre 2019.

deux exceptions, les domaines très techniques qui nécessitent des équipes dédiées : les télécoms et le… FIG », assure notre banquier. Il est bien dommage que le secret entourant l'activité des banquiers d'affaires ne permette pas à Lazard de donner la liste des clients de Corso Bavagnoli. On en aurait eu le cœur net.

Corso Bavagnoli, lui, répond[1] sur le rôle qu'il aurait joué, à Bercy, dans le contrôle des banques commerciales qu'il démarche aujourd'hui, autrement dit sur sa place dans l'ACPR, « l'autorité de supervision » du secteur. Il reconnaît en avoir fait partie mais il explique que « lorsque le collège de l'ACPR statue sur un établissement, le représentant de la direction générale du Trésor n'exerce pas de pouvoir de décision car il ne dispose pas de voix délibérative ». Pour résumer : à Bercy, il ne pouvait pas voter, il ne faisait « que » participer à la discussion sur d'éventuelles sanctions concernant des banques commerciales que, devenu associé chez Lazard, il peut désormais démarcher… Pas de conflits d'intérêts, vraiment ?

Concernant le rôle éventuel que Corso Bavagnoli aurait pu jouer ou non dans le contrôle de la banque commerciale Lazard Frères Banque, la porte-parole affirme que la question ne se pose pas. Cette « société, qui relève d'une autre partie du groupe Lazard, n'entretient pas de lien direct de capital avec Lazard Frères

1. E-mail de M. Bavagnoli à l'auteur le 4 octobre 2019.

[la banque d'affaires] », assure-t-elle. On notera évidemment l'adjectif « direct » qui sous-entend un lien indirect. En fait, on pourrait faire ce lien : les deux entités ont toutes les deux le même propriétaire à 99,99 %, à savoir Lazard Frères Group à New York. On notera, une fois encore, que leurs sièges se situent dans le même immeuble, boulevard Haussmann à Paris. On ajoutera que le bureau du patron de la banque commerciale se situe au quatrième étage, comme ceux des associés gérants de la banque d'affaires…

Notons que la Commission de déontologie est tenue de donner un avis dit d'« incompatibilité » à un pantouflage si le fonctionnaire « a été chargé de formuler un avis sur des décisions relatives à des opérations réalisées par l'entreprise » qu'il entend rejoindre ou « par toute entreprise ayant avec elle au moins 30 % de capital commun ». Seulement un avis et plus de 30 %… N'était-ce pas le cas de Corso Bavagnoli vis-à-vis de Lazard Frères Banque ? La commission n'a rien eu à redire.

Le drôle de pantouflage du mari de Fleur Pellerin

À la même époque, au début de la présidence d'Emmanuel Macron, un autre cas de pantouflage en a estomaqué plus d'un. Condisciple de Bruno Le Maire à l'ENA et époux de l'ex-ministre de la

Culture Fleur Pellerin, Laurent Olléon est un haut fonctionnaire très en vue dans les cercles du pouvoir – surtout de gauche. Durant le quinquennat de François Hollande, ce conseiller d'État a été directeur de cabinet de plusieurs ministres, il a même été pressenti, en 2016, pour prendre la tête du cabinet du président de la République.

Il a passé le reste de sa carrière au Conseil d'État, essentiellement dans le domaine fiscal – si sensible. Jusqu'en août 2018, il était assesseur à la neuvième chambre du contentieux, chargée entre autres de fiscalité. Mieux : il présidait – en tant que suppléant – la Commission des infractions fiscales. Cette autorité indépendante est obligatoirement saisie par Bercy pour l'engagement de poursuites contre des fraudeurs. C'est dire son pouvoir. Un grand cabinet d'avocats d'affaires a donc été heureux de recruter Laurent Olléon comme associé dans sa branche Tax – pour, a-t-il admis, le plus grand bénéfice des clients, de grands groupes privés.

En effet, dans le communiqué annonçant, le 3 septembre 2018, cette embauche, le cabinet Orrick ne cache pas pourquoi il se réjouit : « Laurent apportera une compréhension approfondie de la façon dont les autorités françaises de régulation abordent à la fois les transactions et les conflits grâce à ses deux décennies de travail au sein de l'administration, dit la responsable de la branche fiscale, Anne-Sophie Kerfant. Cette connaissance de l'intérieur sera d'une valeur inestimable pour nos clients français et internationaux.» Inestimable… Pour qui veut réduire ses impôts. Mais prodiguer de tels conseils, est-ce bien là la mission d'un haut fonctionnaire, toujours membre du Conseil d'État ?

Laurent Olléon me l'a assuré : «L'avocat fiscaliste n'est pas là pour permettre à son client d'échapper frauduleusement à l'impôt, en se soustrayant illégalement à sa contribution au financement des services publics. Il est là pour veiller à ce que le contribuable supporte seulement l'impôt qu'il doit : pas plus, mais aussi pas moins. C'est ainsi que je compte exercer mes nouvelles fonctions[1].» Il ajoute : «Il y a peut-être une conception moins noble du métier d'avocat fiscaliste, qui poserait en effet des problèmes de morale. Mais ce n'est pas la mienne !»

Certes, mais il n'est pas seulement question de déontologie. Il s'agit aussi de ce que le cabinet Orrick appelle, dans le communiqué annonçant son embauche, la «compréhension approfondie de la façon dont les autorités de régulation françaises abordent à la fois les transactions et les conflits». Autrement dit, sans aider son client à violer la loi, Laurent Olléon pourrait lui indiquer comment l'administration fiscale et la Commission des infractions raisonnent, ce qui donnerait audit client un avantage considérable dans ses

1. *L'Obs* du 13 septembre 2018.

négociations avec le fisc, et, par conséquent, lui permettrait probablement de payer moins d'impôts.

Si bien qu'il est légitime de se demander par quel miracle ce haut fonctionnaire si spécialisé dans la fiscalité a été autorisé à endosser aussi vite l'habit d'avocat fiscaliste. La Commission de déontologie de la fonction publique aurait pu tiquer. Mais, le 30 juillet 2018, elle a donné un avis favorable[1]. Et cela, sans même avoir auditionné Laurent Olléon. Pourquoi ? Cette instance « a la faculté de dispenser d'audition les fonctionnaires dont la demande de départ vers le privé ne pose aucune difficulté », certifie Laurent Olléon. Quant à son président, le conseiller d'État Roland Peylet, j'attends toujours sa réponse sur ce point.

Le bureau du Conseil d'État aurait pu, quant à lui, stopper ce pantouflage dès le début, en refusant la demande de mise en disponibilité de Laurent Olléon (qui n'a pas souhaité démissionner). Mais il l'a autorisé. Il n'a même pas demandé au cabinet Orrick de rectifier le communiqué annonçant l'arrivée de Laurent Olléon, texte qui, à l'évidence, ne répond pas à la recommandation de son collège de déontologie du 15 novembre 2017. Celle-ci impose en effet aux cabinets recrutant des membres du Conseil d'État de ne pas « suggérer implicitement » ni d'« indiquer

1. Avis 18E2583 de la Commission de déontologie de la fonction publique.

expressément que le fait pour l'avocat [embauché] d'avoir eu de l'intérieur une connaissance de la juridiction administrative sera un atout pour le client». Or, on l'a vu, le cabinet Orrick se réjouit expressément que Laurent Olléon dispose d'une telle connaissance «de l'intérieur», même si celui-ci m'a indiqué, à l'époque, que «la dernière séance de la Commission des infractions fiscales à laquelle [il a] participé s'est tenue le 1er juillet 2016, soit il y a plus de deux ans».

On notera toutefois qu'un an après le début de ce pantouflage controversé, le cabinet Orrick a ajouté un élément dans la biographie de sa recrue Olléon. Sur son site[1] il est écrit, noir sur blanc, que «sa connaissance intime du contentieux fiscal est un atout pour les clients» du cabinet !

Une enquête policière sur Hugues Bailey, ancien conseiller d'Emmanuel Macron

Troisième cas de pantouflage récent particulièrement litigieux : celui de Hugues Bailey. Cet ingénieur qui est passé par l'ENA était conseiller «financement des exportations» d'Emmanuel Macron lorsque celui-ci était ministre de l'Économie.

Son job consistait à orienter les garanties finan-

1. Voir : https ://www.orrick.com/People/1/5/8/Laurent-Olleon.

cières que l'État accorde aux entreprises qui exportent depuis la France. Parmi elles, quelques rares compagnies étrangères installées sur le territoire dont l'américaine General Electric.

Or, en 2016, la Compagnie française d'assurances pour le commerce extérieur (Coface) apporte justement à General Electric une garantie d'État considérable de 70 millions d'euros pour l'achat de quatre turbo-alternateurs à destination de l'Irak. Jusqu'à quel point Hugues Bailey a-t-il fait avancer le dossier ? Mystère.

En tout cas, le voilà un an plus tard lobbyiste en chef puis directeur général de la filiale française de ce même groupe américain ! L'affaire fait scandale. À la suite de l'article de *L'Obs* qui l'a révélée[1], la députée écologiste Delphine Batho envoie, le 29 juin 2019, un courrier au procureur de la République. Elle soupçonne « une prise illégale d'intérêts ». Ce délit passible de trois ans de prison punit, selon le Code pénal, « le fait, par une personne chargée d'une mission de service public, de prendre directement ou indirectement un intérêt quelconque dans une entreprise dont elle a en tout ou partie la charge d'assurer la surveillance, l'administration, la liquidation ou le paiement ».

Le 6 septembre 2019, le parquet ouvre une enquête préliminaire.

1. Article de Matthieu Aron dans *L'Obs* du 26 juin 2019.

6

Le « syndrome Pénicaud »

Personne, peut-être, n'incarne mieux cette nouvelle élite – les fonctionnaires devenus millionnaires dans le privé qui reviennent dans l'État pour gouverner le pays – que Muriel Pénicaud, soixante-quatre ans, ministre du Travail. Au début de sa carrière, la jeune femme fait dans le « social ». Elle dirige des centres de formation professionnelle. En 1991, elle est repérée par Martine Aubry. Elle reste deux ans dans son cabinet au ministère du Travail, le temps d'être recrutée par une multinationale alimentaire, BSN, bientôt rebaptisée Danone. Elle y fait merveille. Si bien qu'une dizaine d'années plus tard, la voilà directrice des ressources humaines du groupe, chef du personnel, comme on disait avant. Ses émoluments sont mirobolants : plus de un million d'euros par an – 2,3 millions pour la seule année 2014[1].

---

1. Déclaration d'intérêts à la HATVP le 17 juillet 2017.

Elle revient dans le public quand Emmanuel Macron est encore ministre de l'Économie. Il lui propose de diriger Business France, un nouvel organisme censé aider les entreprises à exporter. Elle demande un gros salaire. La négociation est difficile. Elle finit par obtenir 200000 euros net par an, près de 17000 net par mois. L'un des plus hauts dans l'administration.

Par ses activités dans le public et dans le privé, Muriel Pénicaud s'est constitué un joli patrimoine : 6,5 millions d'euros[1]. Quand elle est entrée dans l'équipe d'Édouard Philippe, en 2017, elle devait, selon mes calculs, payer, bon an mal an, 50000 euros d'impôt sur la fortune. Six mois après, le gouvernement auquel elle appartient supprime l'ISF et le remplace par un impôt sur la fortune immobilière (IFI), à l'assiette beaucoup plus étroite.

Si bien que, du jour au lendemain, la ministre du Travail ne paye plus d'ISF ni d'IFI, puisque ses avoirs financiers, près de 5 millions d'euros, ne sont plus taxés. Elle n'est même pas redevable de l'IFI pour ses deux maisons : évalué à 1,6 million d'euros, son patrimoine immobilier n'atteint pas le plancher d'imposition après déduction forfaitaire de 30 % pour sa résidence principale. La ministre du Travail aurait donc économisé 50000 euros net, quatre Smic. Tous les ans.

1. Déclaration du patrimoine à la HATVP, le 11 juillet 2018.

Quand, en janvier 2018, *Libération*[1] révèle le montant de cette économie – il l'a, à l'époque, surestimée de 12 000 euros parce que, dans sa première déclaration de patrimoine[2], Muriel Pénicaud avait surévalué son patrimoine de un million d'euros –, la ministre du Travail, consciente du risque politique d'une telle découverte, s'empresse de réagir.

Elle annonce qu'elle mettra l'argent ainsi économisé « dans un fonds qui soutient l'économie sociale[3] ». Ce qu'elle fait. En juin 2018, elle investit 100 000 euros[4] dans Phitrust Partners, un fonds qui accompagne des entreprises de réinsertion et de logement social. Un geste généreux, certes, mais guère spontané.

C'est ainsi : depuis qu'Emmanuel Macron est président, le gouvernement de la France ne ressemble à aucun autre sous la Ve République. Il n'y a jamais eu autant de grands commis de l'État devenus millionnaires dans le privé.

Ces personnalités, que le Président persiste à qualifier d'« issues de la société civile », sont en réalité, pour la plupart, des membres de grands corps qui, après avoir fait de belles carrières dans

1. *Libération* du 2 janvier 2018.
2. Déclaration du patrimoine à la HATVP le 17 juillet 2017.
3. France Inter, le 4 janvier 2018.
4. CheckNews de *Libération* du 13 décembre 2018.

l'administration, ont pantouflé dans des entreprises où ils ont fait rapidement fortune.

Historiquement inédite, cette présence au gouvernement de multiples rétropantoufleurs est source d'innombrables conflits d'intérêts. Elle éclaire aussi d'une lumière crue la suppression de l'impôt sur la fortune, puisque, à l'instar de Muriel Pénicaud, plusieurs membres du gouvernement – et de cabinets ministériels – ont personnellement profité de cette disparition, tant décriée, de l'ISF. Regardons-y de plus près.

Les ministres deux fois plus riches sous Macron que sous Hollande

Merci, monsieur Cahuzac ! Sans lui, nous ne connaîtrions pas le montant du patrimoine des ministres, ni le détail de leurs revenus passés. Conséquence de la crise politique provoquée par les mensonges du secrétaire d'État au Budget, une loi relative à la transparence, adoptée en 2013, oblige les membres du gouvernement à fournir des déclarations d'intérêts et de patrimoine à la HATVP, qui doit les rendre publiques sur son site Internet. Une véritable révolution démocratique.

En effet, que nous apprennent ces fiches ? D'abord que, sous François Hollande, les ministres étaient deux fois moins riches que sous Emmanuel Macron – 700 000 euros de patrimoine en moyenne, tout de même ! contre 1,4 million. Ensuite que les plus aisés d'entre eux n'étaient pas encore des rétropantoufleurs, une espèce rare à l'époque.

De 2012 à 2017, le mieux nanti au gouvernement de la France est un éditeur de presse, Jean-Michel Baylet (8 millions d'euros), propriétaire de *La Dépêche du Midi*. Viennent ensuite Laurent Fabius (5,2 millions), patron du Quai d'Orsay, qui était bien énarque mais n'a jamais rejoint de groupe privé ; Michèle Delaunay (5,2 millions aussi), dermatologue-oncologue ; Jean-Marie Le Guen (2,6 millions), médecin et consultant.

L'énarque Michel Sapin (2,5 millions) n'a pas non plus pantouflé – jusqu'en septembre 2019, en tout cas. Son patrimoine a une origine tout autre : les terres et les biens immobiliers à Argenton-sur-Creuse dont il a hérité ont été acquis par l'un de ses ancêtres pendant la Révolution à la suite d'une adjudication des biens de l'Église…

Quant au bon docteur Cahuzac, chacun sait qu'il a fait fortune grâce à sa clinique d'implants capillaires. Enfin, les autres ministres de Hollande, les Duflot, Moscovici, Peillon, Filippetti, Valls, Taubira, Montebourg ou Lebranchu, n'étaient pas millionnaires, parfois loin de là. Aucun, en tout cas, n'avait fait de passage juteux dans le privé après avoir été haut fonctionnaire…

Plusieurs ministres du gouvernement Philippe, si. Par exemple, la secrétaire d'État à la transition écologique, Emmanuelle Wargon, quarante-huit ans. Elle est la fille de Lionel Stoléru, un polytechnicien du corps des Mines, ministre de Giscard et de Mitterrand. Sa mère était énarque. Elle-même, après HEC, a fait l'ENA avec... Édouard Philippe, justement. Elle en sort auditrice à la Cour des Comptes.

Sa carrière dans l'État va bon train, plutôt à gauche. Nommée en 2001 conseillère du ministre de la Santé, Bernard Kouchner, elle se retrouve douze ans plus tard déléguée générale à l'emploi et à la formation professionnelle. L'un des plus gros postes de l'administration. Là, elle gagne très bien sa vie. Son salaire s'élève à 169000 euros[1] net par an, soit 14000 euros par mois. Plus que le président de la République, François Hollande, qui a réduit les émoluments du chef de l'État d'un tiers, à 12696 euros net. Elle sait qu'elle ne peut pas espérer beaucoup plus dans la fonction publique.

Alors, comme Muriel Pénicaud, elle part pantoufler chez Danone, dont elle devient la directrice des affaires publiques, autrement dit lobbyiste en chef. Un job moins prestigieux mais tellement mieux payé ! Ses émoluments grimpent très vite, nettement plus, en tout cas, que le point d'indice de la fonction publique... En trois ans, ils triplent : elle perçoit

1. Déclaration d'intérêts à la HATVP du 9 décembre 2018.

245 000 euros en 2016, 327 000 en 2017 et 475 000 pour les dix premiers mois de 2018, juste avant qu'elle n'entre au gouvernement[1].

Le patrimoine d'Emmanuelle Wargon, qui est toujours membre du corps de la Cour des Comptes, s'élève à 5,3 millions d'euros. Si l'ISF existait encore, elle devrait payer aux alentours de 34 000 euros par an d'impôt sur la fortune[2]. Aujourd'hui, elle n'a rien à débourser. Comme sa maison de 150 mètres carrés, dans le Val-de-Marne, n'est estimée que 1,5 million, elle n'est, en effet, pas soumise à l'IFI[3]. Gain net, donc : trois Smic.

On remarque que, dans ses avoirs mobiliers, donc échappant à l'IFI, on trouve une assurance-vie de 2,6 millions d'euros souscrite au… Luxembourg. Quand je l'ai interrogée sur cette troublante découverte, la ministre m'a répondu[4] qu'elle en a hérité « suite au décès de ses parents ». Que « ce compte a bien évidemment été déclaré au fisc français », et que, en 2017, elle a payé l'ISF sur cette assurance-vie, qui a fait l'objet « d'un mandat de gestion détenu par une banque française ». Elle a ajouté qu'elle n'a

1. Déclaration d'intérêts à la HATVP du 9 décembre 2018.
2. Calculs de l'auteur.
3. Le plancher de l'IFI est de 1,3 million mais après un abattement forfaitaire de 30 % pour la résidence principale.
4. E-mail du conseiller presse d'Emmanuelle Wargon à l'auteur, le 10 septembre 2019.

pas jugé nécessaire de rapatrier cette « assurance-vie inerte » quand elle est devenue ministre malgré le risque politique d'un tel avoir dans un pays considéré par le passé comme un paradis fiscal, « car il s'agit d'un héritage auquel elle n'a pas touché et qui a eu lieu avant sa prise de fonction au sein du gouvernement ».

Notons que c'est à elle, et à Sébastien Lecornu, qu'a été confiée la charge d'organiser le grand débat national mis en place après la crise des Gilets Jaunes.

Le cas Florence Parly

Considérons maintenant le cas assez similaire de Florence Parly, la ministre des Armées. Fille d'une conseillère d'État, elle est sortie de l'ENA en 1987, administratrice civile à Bercy. Elle y commence sa carrière avant de rejoindre des cabinets de gauche. Elle grimpe très vite et, en 2000, devient, à trente-sept ans, secrétaire d'État au Budget, benjamine du gouvernement Jospin. Après la déroute de 2002, elle entame un parcours fulgurant de cadre dirigeant dans de grands groupes parapublics. D'abord à Air France, dont elle devient directrice générale déléguée. Là elle gagne près de 300 000[1] euros net par an. Quand elle s'en va en 2014, elle touche, sans que

1. Déclaration d'intérêts à la HATVP, le 23 octobre 2017.

l'on sache pourquoi, une indemnité de départ de 406 000 euros « non imposables[1] », précise-t-elle.

Elle entre à la SNCF où, en 2017, avant de redevenir ministre, elle perçoit, comme directrice générale déléguée, 315 000 euros net sur six mois. La même année, elle touche 101 000 euros de jetons de présence comme membre du conseil d'administration du grand groupe d'ingénierie Altran[2]. Alors qu'elle est salariée d'une entreprise publique et fonctionnaire en disponibilité !

Précisons, en effet, que Florence Parly est toujours, à l'instar d'Emmanuelle Wargon, membre de son corps d'origine, comme on dit dans l'administration. Quand elle aura quitté le gouvernement, elle pourra donc revenir dans la fonction publique. Avant, si elle le souhaite, de pantoufler de nouveau. Et ainsi de suite. Un avantage considérable, pourtant décrié par le candidat Macron.

Dans son livre de campagne *Révolution*[3], le futur président qualifiait ce droit de retour accordé aux hauts fonctionnaires de « privilège hors du temps ». Jusqu'à présent, il s'est pourtant bien gardé de l'abolir, alors que tant de ses ministres (à commencer par le Premier) et collaborateurs en jouissent.

---

1. *Ibid.*
2. Document de référence 2018 d'Altran publié le 29 avril 2019.
3. Emmanuel Macron, *Révolution*, XO, novembre 2016.

Quoi qu'il en soit, grâce à ses pantouflages, le patrimoine de Florence Parly atteint 2,1 millions d'euros. Si l'ISF existait toujours, elle devrait donc, selon mes calculs, payer chaque année 6000 euros à ce titre. Mais aujourd'hui elle n'a rien à débourser, même pas l'IFI, puisque son patrimoine immobilier n'est « que » de 788000 euros, au-dessous du seuil d'imposition.

Autre exemple emblématique de cette nouvelle élite : la secrétaire d'État à l'économie, Agnès Pannier-Runacher. De l'ENA, où elle côtoie le futur secrétaire général de l'Élysée de Macron, Alexis Kohler, elle sort inspectrice des finances. Puis, au début des années 2000, elle travaille dans l'administration hospitalière, auprès du directeur général de l'Assistance publique de Paris. Elle est aussi administratrice du Samu. Elle fait dans le social, en somme. Mais l'appel de la finance est le plus fort.

En 2008, Bercy lui confie la création du Fonds stratégique d'investissement. Enfin, en 2013, elle rejoint la Compagnie des Alpes, qui gère des stations de ski et des centres de loisirs. Comme directrice générale, elle perçoit, du jour au lendemain, aux alentours de 350000[1] euros net par an. Plus une soixantaine de milliers d'euros de jetons de présence dans les conseils d'administration des sociétés Elis,

1. Déclaration d'intérêts à la HATVP le 15 décembre 2018.

Bourbon et MacQuarie Autoroutes de France. En quelques années, elle accumule 3 millions d'euros[1]. Depuis la suppression de l'ISF, elle payerait, selon mes calculs, environ 10 000 euros d'impôt en moins. Chaque année.

La ministre la plus riche de la Ve République ?

Évoquons enfin le cas de la prédécesseure d'Agnès Pannier-Runacher à Bercy, Delphine Gény-Stephann, restée moins d'un an à Bercy. De novembre 2017 à octobre 2018, elle est – et de loin – la ministre la plus riche du gouvernement Philippe, et probablement de tous les cabinets de la Ve République, comme je l'ai révélé dans *L'Obs*[2] : son patrimoine s'élève à 16 millions d'euros !

Cette polytechnicienne, membre du corps des Ponts, a mené, comme elle le dit elle-même, une carrière « hybride ». En 1994, elle entre à la direction du Trésor à Bercy pour travailler pendant six ans à l'Agence des participations de l'État – où elle a probablement croisé l'incontournable Alexis Kohler. À ce titre, elle siège au nom de l'État dans plusieurs conseils d'administration, dont la Française des Jeux.

1. Déclaration de patrimoine à la HATVP du 16 décembre 2018.

2. *L'Obs* du 8 octobre 2018.

Onze ans plus tard, elle pantoufle dans le groupe Saint-Gobain, dont elle devient directrice de la stratégie, pour un salaire de 197000 euros net par an[1]. Elle siège aussi, cette fois en son nom propre, aux conseils d'administration de plusieurs grandes entreprises dont Thales et Giat Industries. On note que durant ces treize ans, elle n'a pas démissionné de la haute fonction publique, alors que la durée maximale de mise en disposition est de dix ans. Il faut attendre un décret signé le 19 mars 2018, alors qu'elle siège au gouvernement, pour qu'elle soit enfin rayée des cadres.

Delphine Gény-Stephann possède[2] deux grands appartements en région parisienne, deux maisons en province, plus de 7 millions d'instruments financiers et 68 % du capital de la start-up Alcméon[3]. En supposant que l'investissement dans cette start-up lui permettait de profiter d'un abattement de l'ISF, on peut estimer que la disparition de l'impôt sur la fortune lui aurait permis, selon mes calculs, d'économiser au moins 50000 euros. Par an.

1. Déclaration d'intérêts à la HATVP, 8 décembre 2018.
2. Déclaration de patrimoine à la HATVP du 8 décembre 2018.
3. *Idem.*

Des ministres pris dans de multiples conflits d'intérêts

La présence au gouvernement – et dans des cabinets ministériels – de ces millionnaires rétro-pantoufleurs pose un autre problème inédit : la multiplication, au sommet de l'État, de situations de conflits d'intérêts. La HATVP a fait savoir qu'une personnalité ne pouvait faire partie du gouvernement qu'à condition qu'elle « se déporte » lorsque les cas d'entreprises voire de secteurs dans lesquels elle a travaillé seraient évoqués, autrement dit qu'elle ne les traite pas. Une obligation déontologique qui, pour les membres du gouvernement Philippe, a conduit à des situations absurdes.

La secrétaire d'État à l'Économie, Agnès Pannier-Runacher, est dans ce cas. Du fait de ses fonctions passées, elle doit « se déporter » lorsqu'il est question 1) de « la Compagnie des Alpes et ses filiales, 2) du secteur des parcs et loisirs, 3) des sociétés de remontées mécaniques, 4) des tour-opérateurs en ligne, 5) de l'hôtellerie, 6) de restauration de loisirs et 7) plus généralement de tout sujet lié au secteur du tourisme ». Ce n'est pas tout. Elle doit aussi se désintéresser des sociétés Bourbon, Elis, du groupe énergétique Engie (où son mari a travaillé) ainsi que de « toutes les entreprises du secteur des concessions autoroutières[1] ». Voilà qui limite singulièrement son champ d'action… À tel point que l'on peut s'interroger sur les motifs exacts de sa nomination au gouvernement.

Le nombre de personnalités capables, selon le président de la République, de remplir la fonction est-il à ce point limité qu'il n'avait pas d'autre choix possible ? Ou Agnès Pannier-Runacher aurait-elle été désignée parce qu'elle a rejoint l'équipe de campagne d'Emmanuel Macron dès l'été 2016 ?

La ministre des Transports n'a pas le droit de s'occuper de la RATP…

Question un peu similaire pour Élisabeth Borne, la ministre des Transports. Du fait de ses fonctions passées à la RATP, qu'elle a dirigée de 2015 à 2017, cette polytechnicienne membre du corps des Ponts doit « se déporter » des dossiers liés à la Régie autonome, et notamment celui de la construction du Charles-de-Gaulle Express, qui doit relier le terminal 2 de l'aéroport à la gare de l'Est, l'un des principaux investissements en matière de transport !

En revanche, elle a décidé de continuer de traiter un dossier très important où pourtant, selon plusieurs spécialistes, elle serait en situation de conflit d'intérêts :

1. Décret 2019-11 du 7 janvier 2019.

la transformation en autoroute de 92 kilomètres particulièrement meurtriers de la route Centre-Europe Atlantique, un chantier d'un demi-milliard d'euros. Le problème : Élisabeth Borne a aussi été directrice des concessions du groupe Eiffage, qui est candidat à cette nouvelle concession.

« Il n'y a pas la moindre suspicion possible de conflit d'intérêts, rétorque son entourage. Ce projet [...] n'existait même pas à l'époque où Mme Borne était directrice des concessions d'Eiffage, elle n'a donc pas travaillé de près ou de loin sur ce projet[1]. »

Le cas Françoise Nyssen a, lui, été réglé de manière radicale. Avant son entrée au gouvernement en mai 2017, elle codirigeait la grande maison d'édition Actes Sud, basée en Arles. Or la HATVP découvre[2] que cette société reçoit, comme d'autres éditeurs, plus de 100 000 euros d'aide de la part du Centre national du livre (CNL). Problème : la ministre de la Culture exerce la tutelle du CNL.

Le 9 juillet 2018, à la demande de l'instance de déontologie, le Premier ministre ordonne donc que Françoise Nyssen ne supervise plus le secteur de l'édition. C'est la logique. Mais son poste est, de ce fait, amputé d'une partie essentielle. Un mois plus tard,

1. *Le Monde* du 10 octobre 2018.

2. Voir l'article très précis d'Étienne Girard dans *Marianne* du 15 juillet 2018.

la justice ouvre une enquête sur des travaux non déclarés dans les locaux parisiens d'Actes Sud. C'est la goutte d'eau. En octobre 2018, elle est congédiée.

Bien d'autres personnalités centrales de la Macronie sont contraintes, par la HATVP, de « se déporter ». En voici deux : Alexis Kohler, le bras droit du Président, ne peut traiter des affaires du croisiériste MSC qui appartient à sa famille et dont il a été directeur financier avant de rejoindre l'équipe de campagne du futur chef de l'État. Le directeur de cabinet du ministre de l'Économie, Emmanuel Moulin, « n'a pas à connaître » les dossiers de la banque d'affaires Mediobanca, dont il était le patron avant d'être appelé auprès de Bruno Le Maire.

Lors d'une audition sur l'avenir de la haute fonction publique, les sénateurs ont interrogé la secrétaire générale adjointe d'Anticor, l'avocate Élise Van Beneden. Son association de lutte contre la corruption traque les prises illégales d'intérêts par des responsables publics. À ce titre, elle a, par exemple, déposé deux plaintes contre Alexis Kohler pour ses liens avec MSC que le parquet national financier a finalement classées sans suite, le 22 août 2019.

« Diriez-vous que la situation se dégrade ? », lui demande une jeune sénatrice socialiste du Val-de-Marne, Sophie Taillé-Polian. La réponse de Me Van Beneden est préoccupante mais pas surprenante : oui, « nous craignons une aggravation de la situation[1] ». Elle ajoute : « Vous avez évoqué une perte de l'esprit de service de l'État. Le système macronien a quelque chose de nouveau : à la tête de l'État se trouve un énarque ayant fait un aller-retour entre Bercy et la banque Rothschild. » Elle conclut par un avertissement : « Nos concitoyens finissent par penser que c'est la carrière des personnes ou l'intérêt des entreprises que l'on défend, et plus l'intérêt général. »

1. Audition le 10 juillet 2018 par la commission d'enquête du Sénat sur les mutations de la haute fonction publique. Le thème de l'audition au palais du Luxembourg porte sur le rétropantouflage et les conflits d'intérêts.

7

La République des lobbyistes

La voracité revêt bien des costumes. Depuis quelques années, de plus en plus d'ex-ministres, de droite comme de gauche, acceptent de représenter les intérêts de grands groupes privés. De devenir lobbyistes – à prix d'or. Comme si la présence au gouvernement actuel de plusieurs anciens de cette profession si controversée mais si bien rémunérée – Édouard Philippe, Benjamin Griveaux et Emmanuelle Wargon – levait les dernières réticences de l'establishment politique. Et le libérait de toute vergogne.

Estelle Grelier a été la dernière secrétaire d'État aux collectivités locales de François Hollande, secteur dont elle s'occupait déjà à la direction du PS. En juin 2017, cette proche de Laurent Fabius perd, dès le premier tour, les élections législatives dans son fief de Seine-Maritime. Elle a alors quarante-quatre ans. Comme revenu, il lui reste son indemnité de conseillère régionale de Normandie, 1 500 euros brut par mois. Insuffisant.

Que va-t-elle faire ? Cette socialiste va-t-elle s'engager dans l'économie sociale ? Prendre en main une ONG ? Va-t-elle imiter son ancien collègue du gouvernement, Arnaud Montebourg, et tenter de relancer un secteur économique en difficulté, comme lui l'apiculture ?

Non, cette brune aux cheveux courts est une professionnelle de la politique, comme il y en a de plus en plus. Avant d'entrer au gouvernement, elle a été assistante parlementaire puis directrice de cabinet, députée européenne et enfin parlementaire à Paris, elle ne connaît que ce monde-là et son personnel, de droite comme de gauche. Des élus et même des ministres du nouveau gouvernement, à commencer par Édouard Philippe, qu'elle tutoie. Bref, elle a un carnet d'adresses long comme deux bras. Elle ne va pas se morfondre bien longtemps.

Le cas d'Estelle Grelier

En mars 2018, elle est recrutée par un géant de la gestion de l'eau qui vient d'être racheté par un fonds suédois : Saur. Estelle Grelier devient la « directrice du développement » de ce groupe de 10 000 salariés, concurrent de Veolia et Suez. Elle est même nommée au comité exécutif, le saint des saints. Pourtant, aucun communiqué de la société n'annonce cette nouvelle recrue. « Saur voulait jouer profil bas, ne pas se vanter de cette embauche éthiquement un peu limite », explique une source interne qui préfère rester anonyme.

Puisque la loi de 2013 l'impose, la HATPV se penche sur ce pantouflage d'une ancienne ministre. Elle donne son feu vert mais limite la capacité d'action d'Estelle Grelier[1] en émettant plusieurs réserves strictes. Jusqu'au 10 mai 2020, c'est-à-dire trois ans après son départ du gouvernement, Estelle Grelier n'a pas le droit de contacter, pour le compte de Saur, ses anciens collègues du gouvernement ni les services d'État qu'elle a dirigés. Elle n'a pas le droit non plus de faire état, dans ses démarches commerciales, de son ancienne fonction gouvernementale.

En revanche, et on peut s'en étonner, il ne lui est pas interdit d'utiliser les contacts qu'elle a noués dans les collectivités quand elle était au gouvernement ou au PS, dont elle est toujours l'une des dirigeantes. Afin de vanter les mérites de Saur, de vendre ses services de gestion de l'eau, elle peut donc appeler les maires ou les présidents de syndicats communaux qu'elle a connus comme secrétaire d'État chargée des… collectivités locales ou comme leader politique.

Car, dans les faits, Estelle Grelier devient la lobbyiste en chef de Saur, non répertoriée comme telle

1. Délibération de la HATVP 2018-43 du 8 mars 2018.

jusqu'au 14 octobre 2019[1] dans les registres de la HATVP, et la VRP du groupe. C'est sur elle que, dès son embauche, le nouveau P-DG du groupe, un énarque inspecteur des Finances, se repose pour convaincre les pouvoirs publics mais aussi les élus. Et l'ancienne ministre ne perd pas une seconde.

D'après des documents internes[2], elle débute sa tournée commerciale par la région dont elle est toujours elle-même élue, la Normandie. En mai 2018, soit deux mois après son recrutement, elle rencontre les équipes de Saur sur place. Elle commence par évoquer avec elles un accident du travail qui les a endeuillées. Puis elle leur demande la liste des villes dont les contrats de gestion des eaux gérés par la concurrence arrivent à échéance.

En juin, elle va voir les élus d'Annonay, le fief d'un copain, l'ex-député socialiste Olivier Dussopt, devenu secrétaire d'État à la fonction publique dans le gouvernement Philippe. Elle se rend ensuite dans le Limousin où elle rencontre maires et conseillers municipaux. Elle va aussi à Saint-Étienne, Denain, Grenoble… Partout, elle vante les mérites de Saur aux élus. Ceux-là mêmes dont elle était la secrétaire d'État quelques mois auparavant. A priori, ce n'est pas illégal. Moral ?

1. Date à laquelle Saur inscrit Mme Grelier comme représentante d'intérêts de la société dans les registres de la société.

2. Sources confidentielles de l'auteur.

Quelques jours après son départ du gouvernement, Estelle Grelier revient sous les ors de la République. Le 27 juin 2018, elle se rend à Matignon avec le P-DG de Saur pour rencontrer le conseiller économique d'Édouard Philippe. Le Premier ministre est l'un de ses amis. Tous deux quadragénaires et normands, cauchois même – elle de Fécamp, lui du Havre – ils ont représenté la Seine-Maritime au palais Bourbon. L'une pour la gauche, l'autre pour la droite.

Ensuite, elle va rencontrer une autre ministre, avec laquelle elle entretient de très bonnes relations – et pas n'importe laquelle : Jacqueline Gourault, une proche de François Bayrou, qui s'occupe du même secteur que le sien quand elle siégeait au gouvernement, c'est-à-dire des collectivités locales ; et dont la fille, Anne Gourault, est, elle aussi, lobbyiste d'un géant de l'eau, Suez…

Estelle Grelier va rencontrer Jacqueline Gourault au moins deux fois en 2018. D'abord en janvier, soit deux mois avant sa prise de fonction chez Saur. « Je connais Estelle depuis longtemps, nous avons siégé ensemble à l'Association des communautés de France, m'explique la secrétaire d'État aux Collectivités[1]. Elle est venue me voir parce qu'elle cherchait du travail. » Donc a priori, rien d'illégal.

1. Entretien avec l'auteur, le 11 octobre 2019.

Mais Estelle revient voir Jacqueline six mois plus tard, alors qu'elle est déjà embauchée. Ce rendez-vous a lieu le 4 juillet 2018 à 11 h 30, selon le cabinet de Jacqueline Gourault[1]. La porte-parole de la secrétaire d'État affirme que cette rencontre était « une simple courtoisie républicaine de la part d'une ministre qui avait pris en gros sa succession aux collectivités territoriales et qu'elle connaissait depuis longtemps, rien de plus ». Quand je lui rappelle qu'il s'agit là du second rendez-vous dans l'année, cette porte-parole invoque de nouveau « la courtoisie républicaine ». La version de la ministre est plus précise. Pas forcément plus convaincante.

« C'est vrai, Estelle Grelier m'a rendu visite une seconde fois en juillet 2018, me dit-elle. Elle venait seulement me dire qu'elle avait trouvé du travail.

— Vous a-t-elle dit qu'il s'agissait de Saur ?

— Oui, je m'en souviens parce que Saur venait d'être racheté par un groupe nordique.

— Saviez-vous que la HATVP avait émis des réserves quant aux personnes qu'elle pouvait rencontrer ?

— Non, première nouvelle.

— Dans des notes internes de Saur, elle présente son entretien avec vous comme un rendez-vous de

1. Information fournie par le secrétariat presse de Mme Gourault, le 11 octobre 2019.

travail, de relations publiques, pas une visite de courtoisie.

— Peut-être. Mais moi, je sais que je ne suis pas à ce poste pour faire du business…

— Votre fille fait aussi du lobbying pour un géant de l'eau, en tant que directrice déléguée aux relations institutionnelles de Suez, n'est-ce pas ?

— En fait, elle s'occupe des relations de Suez avec les collectivités territoriales de Suez…

— Vous avez donc le même périmètre…

— Je ne vois pas le rapport. »

Quelques jours, jours plus tard, j'ai demandé à la ministre Gourault si elle avait déclaré au Premier ministre ce conflit d'intérêts potentiel entre les fonctions de sa fille et les siennes et si elle ne pensait pas qu'elle devrait « se déporter » des dossiers ayant trait à Suez et à la gestion de l'eau. Elle ne m'a pas répondu[1].

Quoi qu'il en soit, Estelle Grelier assure, elle, qu'elle a respecté et respecte toujours l'avis, avec ses réserves, de la Haute Autorité. Cette dernière, ajoute-t-elle, « l'a observé dans une note de suivi de ma situation en date du 28 mai 2019[2] ». Je lui demande alors[3] si elle avait signalé à la HATVP les

1. SMS à sa conseillère presse, le 21 octobre 2019 et à elle-même, le 22 octobre 2019.

2. E-mail d'Estelle Grelier à l'auteur, le 9 octobre 2019.

3. E-mail de l'auteur à Estelle Grelier, le 9 octobre 2019.

rencontres avec le conseiller économique d'Édouard Philippe et celle de juillet 2018 avec la ministre Gourault. Elle ne répond pas pendant dix jours. Puis elle m'écrit que ces entrevues « ne contreviennent pas aux règles déontologiques » et qu'elles « ont été déclarées et sont disponibles sur le site Internet de la HATVP[1] », elle m'indique même le numéro des fiches afférentes. Tout est donc en ordre. Apparemment.

Quand Estelle Grelier ne dit pas tout

Seulement voilà, pour que ces rencontres soient légales, Estelle Grelier devait, quand elles ont eu lieu, être inscrite comme représentante d'intérêts de Saur auprès de la HATVP et cela afin que ses interlocuteurs connaissent son statut de lobbyiste. Or elle s'est bien inscrite comme lobbyiste du géant de l'eau, mais seulement le… 14 octobre 2019, c'est-à-dire quatre jours après que je lui ai demandé par écrit si elle avait fait savoir à la HATVP qu'elle avait eu des rendez-vous avec le conseiller à Matignon et avec Jacqueline Gourault. Autrement dit, elle ne l'avait pas fait à l'époque. Selon toute vraisemblance, il s'agirait donc d'opérations de lobbying non déclarées. Pourquoi ? Probablement parce que Saur ne voulait pas faire savoir que l'ancienne

1. E-mail d'Estelle Grelier à l'auteur, le 18 octobre 2019.

ministre menait pour elle des actions de représentation d'intérêts.

Estelle Grelier ignorait sans doute qu'il était assez simple de voir la date de la déclaration sur le site de la HATVP[1]. Rappelons qu'un manquement à l'obligation de déclaration expose à une sanction pénale, qui peut atteindre une amende de 15000 euros et une peine d'un an de prison. Pourquoi cette omission ? Selon des sources internes, elle aurait perçu en 2018 plus de 300000 euros. La justice mettra peut-être un jour le nez dans cette triste affaire.

Est-ce une spécialité normande ou un atavisme fabiusien ? Un autre ancien député socialiste de Seine-Maritime battu en juin 2017 est devenu lobbyiste d'un groupe qui vit de contrats publics. Il s'agit de Guillaume Bachelay, qui fut l'attaché parlementaire de Laurent Fabius et qui demeure conseiller municipal du Grand-Quevilly, le fief du président du Conseil constitutionnel. En septembre 2018, il a été recruté comme directeur des affaires institutionnelles de Jean-Claude Decaux. Au premier fabricant de mobilier urbain au monde, cet

1. Il suffit pour cela de télécharger le fichier JSON de la fiche de Saur dans le répertoire des représentants d'intérêts de le HATVP.

ex-numéro deux du PS apportera ses nombreux contacts avec les maires socialistes.

J'ai posé plusieurs questions à Guillaume Bachelay. « Allez-vous démarcher des élus ? » ; « N'y a-t-il pas un problème moral à devenir lobbyiste lorsqu'on était juste avant soi-même élu ? » ; « Quelle sera votre rémunération[1] ? ».

Ses réponses sont pour le moins, disons, vagues et formatées. Dans le groupe JC Decaux, écrit-il, « je retrouve des enjeux auxquels je crois de longue date : le Fabriqué en France, l'économie de la fonctionnalité, l'innovation. Directeur des relations institutionnelles, j'assure les relations entre l'entreprise et le monde institutionnel pour mieux faire connaître nos métiers. Mes fonctions s'inscrivent dans le cadre légal qui les régit[2] »... Bref, il répond sans répondre. Dommage.

Ancien ministre de l'Intérieur, avocat d'affaires et lobbyiste de la bière !

Un autre proche de Laurent Fabius – et l'un des plus prometteurs – a lui aussi basculé. Diplômé de l'ENA un an après Emmanuel Macron, Matthias Fekl a siégé avec lui au sein du gouvernement Valls.

1. SMS de l'auteur à Guillaume Bachelay, le 10 octobre 2019.
2. SMS de Guillaume Bachelay à l'auteur, le 11 octobre 2019.

En septembre 2014, il est nommé secrétaire d'État au Commerce extérieur et au Tourisme, sous les ordres de son mentor Fabius, avant de devenir, quelques semaines avant la fin du quinquennat, le plus jeune patron de la Place Beauvau de la Ve République.

Balayé aux législatives dès le premier tour, il doit trouver un job. Rien de plus simple, il est haut fonctionnaire : il revient dans son corps d'origine, comme on dit, et se retrouve au tribunal administratif de Montreuil. Pas très glamour.

Alors dès novembre, il s'inscrit au barreau de Paris, pour devenir avocat d'affaires comme associé dans le cabinet KGA, installé sur les Champs-Élysées, qui veut élargir son activité internationale. Mais l'ambition de cet ancien espoir de la gauche est encore plus grande.

En juillet 2019, il accepte aussi de prendre la présidence de Brasseurs de France, le lobby du secteur de la bière. Pendant trois ans, il va défendre les intérêts de la profession auprès des autorités françaises – dont il faisait partie deux ans auparavant, au plus haut niveau[1]. Comme à Estelle Grelier, il lui est interdit par la HATVP de prendre contact avec ses ex-collègues du gouvernement et de cabinets « s'ils sont toujours en activité » et avec « les anciens services placés sous son autorité » lorsqu'il

1. Monsieur Fekl n'a pas donné suite à un e-mail de l'auteur daté du 4 septembre 2019.

était ministre[1]. Si cette interdiction n'est pas respectée, la sanction peut aller jusqu'à trois ans d'emprisonnement.

Tous les business de Luc Chatel

À droite aussi, des anciens ministres pantouflent dans le lobbying depuis l'élection d'Emmanuel Macron. Luc Chatel était un poids lourd de l'UMP. Pendant trois ans, il a été en charge de l'industrie puis de l'éducation dans le gouvernement Fillon. En mars 2017, il devient le porte-parole du candidat de droite. Après la déroute de ce dernier, il annonce qu'il quitte la politique. Que va-t-il faire ? Se contenter de son cabinet de conseil LCH qui l'occupe, dit-il, un jour et demi par semaine et lui rapporte 18000 euros brut par mois ? Non, ce n'est pas suffisant.

Dès juillet 2017, Luc Chatel rejoint un fonds d'investissement, Ekkio capital, qui s'intéresse fort à son carnet d'adresses. Mais l'ancien ministre en veut plus encore. Comment tirer le maximum de son réseau ? Le lobbying ? Ah ça jamais ! « Je me suis interdit de faire du lobbying, même si j'ai eu des propositions, assurait-il en mars 2017, pendant la campagne présidentielle. J'ai la chance de pouvoir

1. Délibération de la HATVP du 2019-73 du 10 juillet 2019.

faire autre chose. Mais certains, qui n'ont pas mon expérience professionnelle, peuvent être tentés[1].» Vérité d'un jour…

Il n'y a que les imbéciles qui ne changent pas d'avis. En décembre 2017, quelques mois à peine après s'être «interdit de faire du lobbying», voilà Luc Chatel président de la Plate-Forme de l'automobile (PFA), structure qui représente les 4000 entreprises du secteur auprès des pouvoirs publics. Il devient le lobbyiste en chef de la voiture. Et apparemment, il est doué. Dès 2018, il signe un contrat dit de filière avec Bercy – dont il a donc été l'un des patrons quelques années plus tôt. Comme il n'est plus ministre depuis plus de trois ans, la HATVP n'a pas eu à donner son avis sur ce pantouflage. Rappelons que, avant 2007, ce délai était de cinq ans mais l'équipe Macron refuse de revenir en arrière.

Comment Macron a pu emprunter pendant sa campagne présidentielle

Pour un lobbying efficace, l'idéal évidemment est de recruter des personnalités de droite et de gauche. C'est la technique de Pierre Donnersberg, le patron de la société de courtage Siaci, qui gère une bonne partie des contrats d'assurance des sociétés du

1. *L'Obs* du 3 mars 2017.

CAC 40. Comme son secteur est très régulé, il a besoin d'« ouvreurs de portes » bien introduits dans les cercles du pouvoir, des femmes et des hommes politiques pas forcément célèbres mais aux réseaux très vastes. En 2013, il jette son dévolu sur un jeune député UMP de l'Oise, Édouard Courtial, un garçon jovial et joufflu, quasi inconnu du grand public, mais déjà un cacique de la droite.

Ce diplômé de l'École supérieure des sciences économiques et commerciales (ESSEC) est tombé tout petit dans le chaudron politique. Entré à vingt-huit ans au palais Bourbon, en 2002, il a toujours été réélu depuis. En septembre 2011, Nicolas Sarkozy le fait entrer au gouvernement comme secrétaire d'État des Français de l'étranger. À quelques mois de l'élection présidentielle, le chef de l'État compte sur lui pour mobiliser les expatriés en sa faveur.

Après l'échec en mai 2012, Édouard Courtial retrouve son poste de député et continue de grimper dans le parti. Il est nommé délégué général aux fédérations puis numéro deux des Républicains quand Nicolas Sarkozy en reprend les rênes.

Pierre Donnersberg le recrute, en 2013, quelques mois après son départ du gouvernement, comme « chargé de développement commercial et relations extérieures » de Siaci. Autrement dit, il doit mettre son réseau à la disposition du groupe d'assurances. Il est rémunéré – jusqu'à aujourd'hui – 98 000 euros net par an, soit plus de 8000 euros net par mois[1]. À quoi s'ajoute son indemnité de député puis de sénateur de l'Oise.

Apparemment, c'est une bonne recrue. Quelques semaines après son embauche, il emmène le patron de Siaci à l'Élysée rencontrer le jeune secrétaire général adjoint d'alors, un certain Emmanuel Macron, qu'il connaît depuis dix ans. En 2003, le futur président de la République fait son stage de l'ENA dans la préfecture de l'Oise, dont Édouard Courtial vient de se faire élire député, le plus jeune de l'hémicycle. Entre les deux Rastignac, l'un énarque, l'autre diplômé de l'ESSEC, le courant passe naturellement. Ils ne se perdront pas de vue.

Après ce premier rendez-vous à l'Élysée, Édouard Courtial décroche une nouvelle faveur de poids pour Pierre Donnersberg : en juin 2016, Emmanuel Macron, devenu ministre de l'Économie, accepte de remettre au patron de Siaci la Légion d'honneur à Bercy. L'assureur n'oubliera pas le geste.

Quelques mois plus tard, Emmanuel Macron lance sa campagne présidentielle. Mais il n'a aucun parti et il est bas dans les sondages. Les compagnies d'assurances n'acceptent de garantir le prêt de 8 millions d'euros dont il a besoin qu'à des taux prohibitifs. Alors Emmanuel Macron se tourne vers Donnersberg, qui va l'aider à lever cet obstacle entêtant : non

1. Déclaration de M. Courtial à la HATVP du 13 novembre 2017.

seulement le grand courtier va accepter de lui donner un coup de main mais il « va piloter le dossier lui-même », racontera plus tard *L'Argus de l'assurance*[1]. En mars 2017, il lui obtient un taux de moins de 5 %[2]. En outre, il donnera 4 600 euros à la campagne.

Jean-Marie Le Guen, conseiller de Paris et lobbyiste

À peine Macron élu, Pierre Donnersberg cherche à recruter parmi les ministres socialistes sortants. À gauche, il avait bien réussi, pour un temps, à convaincre Bernard Kouchner après son éviction-démission du Quai d'Orsay en 2010, mais le French Doctor est un peu dilettante. Le patron de Siaci n'a pas forcément besoin d'une vedette mais d'un bulldozer sans états d'âme.

Jusqu'en mai 2017, Jean-Marie Le Guen, ancien patron de la fédération de Paris du PS, est secrétaire d'État à la Francophonie après avoir été en charge des relations avec le Parlement. Proche de Dominique Strauss-Kahn, son nom est cité dans des affaires plus ou moins louches, de la MNEF au Qatar. Pourtant il espère que son soutien à Emmanuel Macron entre les deux tours de la présidentielle sera récompensé

1. *L'Argus de l'assurance* du 14 septembre 2017.
2. E-mail de Cédric O du 27 mars 2017, dans « Macron's Campaign E-mails », WikiLeaks.

par une investiture d'En marche à Paris pour les législatives. Mais sa réputation sulfureuse et son âge jouent contre lui. Il ne l'obtient pas. Alors il accepte la proposition de Pierre Donnersberg de devenir son « conseiller spécial ». On ignore les émoluments de ce nouveau lobbyiste qui reste conseiller de Paris et qui, à ce titre, perçoit environ 3 000 euros net d'indemnités chaque mois.

Le cas emblématique de Thierry Solère

Pour l'instant, un seul homme politique a des ennuis avec la justice pour ses activités de lobbying. Il s'agit de Thierry Solère, député des Hauts-de-Seine, un LR passé du côté de LREM. En 2014, il devient le conseiller « stratégie », pour ne pas dire « influence », du président de Chimirec, une entreprise de collecte et de traitement des déchets. Pour cette activité de lobbyiste, il est rémunéré 128 000 euros net par an, 10 000 net par mois[1]. Il perçoit aussi son indemnité de député, 5 700 net, et bientôt celle de questeur de l'Assemblée (celui qui gère la vie quotidienne du palais Bourbon), 2 500 euros net mensuels. Un mélange des genres qui va le conduire devant la justice.

1. Déclaration d'intérêts de Thierry Solère à la HATVP du 3 février 2018.

En juillet 2018, le tribunal de Nanterre demande à l'Assemblée de lever l'immunité parlementaire de Thierry Solère pour plusieurs chefs et notamment trafic d'influence et corruption. C'est chose faite le 11 juillet. Six mois plus tard, une information judiciaire est ouverte. Le parquet s'interroge, entre autres, sur les raisons qui ont poussé le député à déposer un amendement visant à exonérer de taxe les véhicules de collecte de déchets industriels dangereux.

Serait-ce parce que c'est précisément l'activité de Chimirec ? Autrement dit, la justice soupçonne que le lobbyiste Solère, qui a été mis en examen en octobre 2019, avait profité de son statut de parlementaire pour écrire une loi favorable à son employeur. Un délit passible de plusieurs années de prison.

On remarquera que ces accusations n'ont pas l'air de gêner outre mesure Édouard Philippe, qui fut lui-même, rappelons-le, lobbyiste du groupe nucléaire Areva.

Depuis l'été 2019, Thierry Solère, pourtant sous le coup d'une levée d'immunité parlementaire, est devenu le conseiller officieux du chef du gouvernement. « Son rôle : agent de liaison du chef du gouvernement avec la majorité présidentielle[1] ». Décidément, le Premier ministre a une bien étrange conception de la démocratie parlementaire !

1. Ludovic Vigogne, « Thierry Solère dans l'ombre d'Édouard Philippe », *L'Opinion* du 11 juin 2019.

8

Les nouveaux « ouvreurs de portes »

De plus en plus de grands commis de l'État, que l'on n'aurait jamais imaginés en lobbyistes – certains diraient en vulgaires « ouvreurs de portes » – finissent, eux aussi, par céder à l'appât du gain.

Laurent Vallée est l'archétype de cette nouvelle noblesse d'État qui a pris le pouvoir à la fois dans la haute administration et dans les grandes entreprises. « Je suis le champion des allers-retours entre le secteur public et le secteur privé », fanfaronnait ce membre du Conseil d'État de quarante-huit ans, aussi grand mais plus chauve que son copain Édouard Philippe, quand je l'ai longuement interrogé en septembre 2017 dans un bar du 16e arrondissement de Paris[1]. Une discussion *off* dans laquelle – je l'ai compris plus tard – il avait pris quelques libertés avec la vérité. J'en révèle le contenu justement parce que les approximations de Laurent Vallée à l'époque

1. Rencontre avec Laurent Vallée le 15 septembre 2017, dans le cadre de mon précédent livre *Les Intouchables d'État*, *op. cit.*

montrent que certains pantoufleurs dans le lobbying sont parfaitement conscients du problème que représente leur passage du secteur public au secteur privé.

Notre discussion s'est déroulée quelques jours seulement après son embauche chez Carrefour. Depuis deux ans, il naviguait dans les plus hautes sphères du pouvoir. Il travaillait avec Laurent Fabius comme secrétaire général du Conseil constitutionnel, l'un des postes les plus éminents de la fonction publique. Auparavant, il avait été auditeur au Conseil d'État, avocat d'affaires, directeur des affaires civiles et du sceau au ministère de la Justice et secrétaire général de Canal Plus. Oui, le recordman des allers-retours. Cette fois, en septembre 2017, trois mois après la nomination de son copain Édouard à Matignon, il passait de la cour suprême de la République à la grande distribution.

Du Conseil constitutionnel au lobbying pour Carrefour

« C'est mon ami Alexandre Bompard qui m'a convaincu de le rejoindre dès qu'il a pris la direction de Carrefour, m'a-t-il raconté dans un bar cossu de la porte d'Auteuil en cette fin d'été 2017. Nous étions ensemble à l'ENA. Je suis sorti cinquième, juste derrière lui. Il a choisi l'inspection des finances, moi le Conseil d'État. Nous ne nous sommes plus quittés.

— D'ordinaire le titulaire de ce type de job fait notamment le lobbying pour son organisation, sera-ce votre cas chez Carrefour ? lui ai-je demandé.

— Pas du tout, m'a-t-il répondu un peu en colère, comme si cette perspective lui semblait honteuse. Mon champ sera très vaste, avec beaucoup de juridique international, mais certainement pas le lobbying. Il y a des gens pour cela. »

Pourtant, lorsque trois mois plus tard les grandes entreprises ont été contraintes par l'application d'une nouvelle loi de faire connaître à la HATVP la liste de leurs représentants d'intérêts, Carrefour a indiqué que Laurent Vallée était l'un de ses deux lobbyistes[1]. Pourquoi m'avait-il dit le contraire ? lui demandai-je deux ans plus tard. « Je suis confus, je ne m'en souviens pas, m'a-t-il répondu[2]. Je me vois très probablement dire quelque chose comme "si je vais chez Carrefour, ce n'était pas pour faire du lobbying". Et cela, je le maintiens pleinement, je n'aurais pas quitté le Conseil Constitutionnel pour une fonction de lobbyiste. »

1. Fiche de Carrefour dans le répertoire HATVP des représentants d'intérêts, le 12 décembre 2017.

2. Échange d'e-mails entre Laurent Vallée et l'auteur le 13 octobre 2019.

D'ailleurs, ajoute-t-il, « depuis deux ans, je n'ai eu aucun contact avec le Conseil constitutionnel, le Conseil d'État ou un parlementaire qui concerne le secteur ». Oui, mais le lobbying, les affaires publiques, comme on dit, fait bien partie de ses missions.

Il le reconnaît. Il explique qu'il a été, par exemple, auditionné au Sénat en janvier 2018 afin d'expliquer aux parlementaires le plan stratégique de Carrefour. Autrement dit, cinq mois à peine après avoir quitté son poste de numéro deux de la cour suprême, institution centrale de la République qui dit si une loi est conforme ou non à notre Constitution, Laurent Vallée est venu « vendre » aux législateurs sa nouvelle boutique et plus particulièrement les milliers de suppressions de postes prévues par son ami Alexandre Bompard.

En bon lobbyiste, il est aussi allé plaider la cause de la grande distribution auprès de conseillers ministériels. « Cela a été à leur demande », précise-t-il, ajoutant qu'il « ne passe pas [son] temps dans les ministères ». Ce n'est sans doute pas nécessaire puisque le Premier ministre, mais aussi le directeur de cabinet de ce dernier, tous deux anciens du Conseil d'État comme Laurent Vallée, font partie de ses meilleurs amis.

Dernière remarque : ce groupe d'amis qui se sont rencontrés à Sciences Po comprend aussi, bien sûr, Alexandre Bompard mais également l'épouse de celui-ci, Charlotte Caubel que, dès son installation au pouvoir, Édouard Philippe a nommée conseillère juridique à Matignon…

Quand la Commission de déontologie veut faire plaisir à un P-DG

Une dernière chose m'intriguait. La Commission de déontologie de la fonction publique a émis un avis favorable sur ce pantouflage. Elle l'a fait en un temps record. Saisie par Laurent Vallée le 17 juillet 2017, elle s'est réunie le 25, soit huit jours plus tard, alors qu'elle disposait d'un délai de trois mois. Et chose plus étrange encore, les commissaires écrivent dans leur avis final que l'intéressé sera «conseiller du président» de Carrefour – et non secrétaire général. Comment cela se fait-il ?

«Je n'ai pas dissimulé à la commission que j'allai le devenir, m'a-t-il répondu en 2019, il n'y avait aucun mystère autour de cela. Simplement, il y avait, pour quelques jours encore, un secrétaire général chez Carrefour et son départ n'était pas réglé. Cela m'a permis de rejoindre [l'entreprise] plus rapidement, j'étais le premier collaborateur d'Alexandre [Bompard] à être recruté – et vous savez qu'il y avait une forte dimension personnelle dans ce recrutement.»

Certes, cette amitié est admirable, mais cette procédure expéditive et approximative signifierait que la Commission de déontologie, chargée de vérifier si le passage d'un fonctionnaire dans le privé respecte les règles éthiques, aurait délibérément occulté la vérité sur le poste futur dudit pantoufleur afin d'accélérer son embauche. Voulait-on faire plaisir au P-DG de Carrefour ? C'eût été un mélange des genres pour le moins discutable…

Les 7 millions d'Alexandre Bompard

À ce propos, il est piquant de relire l'audition de Laurent Vallée le 30 mai 2018 devant la commission du Sénat chargée d'étudier justement les dysfonctionnements déontologiques de la haute fonction publique. « Je sais que la réglementation actuelle et la commission nationale de déontologie sont décriées, grinçait-il alors. Toutefois, elles ne sont ni anecdotiques, ni inexistantes. Certes, tout n'est pas parfait, mais il me semble que certains cas pathologiques finissent par prendre beaucoup de place dans les débats. » Et il ajoutait, la main sur le cœur : « Il me semble urgent, pour le bon fonctionnement démocratique, de dissiper cette idée selon laquelle les décisions publiques ne seraient en fait que des arrangements d'arrière-cuisine, opérés entre des personnes qui raisonnent en fonction de leurs connexions. Certaines positions sans nuance ne font qu'accréditer cette idée. » Certaines pratiques aussi – et surtout.

Quoi qu'il en soit, Laurent Vallée fait désormais partie de la garde rapprochée d'Alexandre Bompard qui s'est entouré de plusieurs anciens de sa promotion de l'ENA. La stratégie adoptée par ce groupe d'amis a coûté leur emploi à des milliers de salariés, malgré les bénéfices considérables du groupe, sans que le gouvernement ne fasse beaucoup de vagues. Et elle a permis à « Alexandre » d'empocher en 2018 plus de 7 millions d'euros[1]. La rémunération de Laurent Vallée, elle, demeure confidentielle.

De la cour des comptes au lobbying pour les sociétés d'autoroutes

Un autre membre d'un grand corps est un habitué, lui aussi, des allers-retours entre la haute fonction publique et le lobbying. Conseiller référendaire à la Cour des comptes, Rainier d'Haussonville, lointain descendant de Mme de Staël, ne fait pas, lui, dans le romantisme ou la philosophie. Il a travaillé à Matignon sous Raffarin et Villepin. Puis il est devenu directeur des affaires publiques du géant de l'eau Veolia. Un poste équivalent à celui de l'ex-secrétaire d'État Estelle Grelier chez Saur, poste pour lequel l'entregent est décisif. En 2017, il est tranquillement revenu à la Cour des comptes. Avant d'en

1. Document de référence 2018 de Carrefour.

repartir en mai 2019 comme secrétaire général du concessionnaire d'autoroutes Sanef, présidé par le célèbre Alain Minc. Dans l'institution de la rue Cambon, ce pantouflage a fait grincer bien des dents. Dans un rapport publié quelques semaines avant l'embauche de Rainier d'Haussonville, elle a publié un rapport cinglant sur « les faiblesses de l'État » face aux sociétés d'autoroutes – faiblesses que le débauchage d'un autre haut fonctionnaire a pu accentuer.

Pour relancer l'économie, Nicolas Sarkozy puis François Hollande ont, en effet, demandé aux sociétés d'autoroutes de procéder à de grands travaux d'entretien et d'allongement des voies non prévus par les contrats les liants à l'État. En échange, leurs concessions ont été prolongées de plusieurs années. Résultat : les sociétés dépenseront 3,2 milliards d'euros tandis que leurs recettes augmenteront de 15 ! Pour obtenir un tel avantage, il a fallu que les lobbyistes de la profession, tel Rainier d'Haussonville, travaillent d'arrache-pied...

Quand un ancien ambassadeur à Washington est recruté par Richard Attias

Un autre pantouflage a beaucoup surpris ces derniers mois. Polytechnicien et énarque, Gérard Araud est l'un de nos plus brillants diplomates. Sarcastique, irrévérencieux et terriblement ambitieux, ce gaulliste de soixante-six ans a occupé les postes les plus prestigieux du Quai d'Orsay et a été notamment directeur politique du ministère, ambassadeur à Washington et représentant de la France à l'ONU où, de l'avis général, il a fait merveille. C'est lui, par exemple, qui a réussi à obtenir l'autorisation du Conseil de sécurité pour les frappes de l'OTAN contre la Libye de Kadhafi. Une décision très contestée aujourd'hui mais qui faisait la quasi-unanimité en Occident à l'époque. Bref, Gérard Araud a joué un rôle historique.

En mai 2017, il a espéré être appelé à l'Élysée comme conseiller diplomatique du nouveau président – une fin de carrière à la mesure de son talent. Mais Emmanuel Macron lui a préféré un autre diplomate moins flamboyant et moins ouvert à la presse… Comme lot de consolation, il l'a maintenu à Washington jusqu'en mars 2019.

Désormais retraité de la fonction publique, on l'aurait bien vu poursuivre sa carrière diplomatique d'une autre façon, à la tête d'une organisation internationale ou d'une ONG. Il a d'abord écrit un ouvrage de fond, son passionnant *Passeport diplomatique*[1]. Puis il est allé à Canossa : le voilà chez l'homme d'affaires Richard Attias, qui l'a bombardé, en juillet 2019, vice-président de sa petite compagnie.

1. Gérard Araud, *Passeport diplomatique*, Grasset, 2019.

Le mari de Cécilia Sarkozy fait dans l'événementiel, comme on dit aujourd'hui. Il monte de grands raouts internationaux. Prochainement en Afrique. « Quand nous sommes allés ensemble à Niamey, [Gérard] a serré plus de mains que moi[1], raconte Attias. Tous les ministres africains venaient à lui. Il va me donner de l'oxygène, apporter des idées nouvelles. Et nous faire profiter de sa culture politique et de son art de la discussion. » De son immense réseau aussi, donc.

Même si elle est fort bien rémunérée, la vie d'« ouvreur de portes » n'est pas forcément celle dont rêvait le fringant diplomate. Récemment, Richard Attias a monté un Davos de la Palestine « dont le principal objectif était de faire la promotion du plan Trump pour la Cisjordanie[2] ». Pas vraiment la tasse de thé d'un Gérard Araud qui dit et écrit pis que pendre du locataire de la Maison Blanche. Mais il va devoir désormais modérer ses propos. Non, comme autrefois, pour le service de la France mais pour ne pas heurter les clients de Richard Attias and Associates. Et surtout pas Mohammed Ben Salman, le prince régnant d'Arabie saoudite qui n'hésite pas à torturer puis assassiner ses opposants, chez qui le communicant est souvent aperçu.

1. Alexandre Duyck, « Gérard Araud, l'ambassadeur pas toujours très diplomate », *M Le magazine du Monde* du 20 septembre 2019.
2. *Ibid.*

Gérard Araud est prévenu : « S'il n'applique pas cette obligation de réserve, j'en tirerai les conséquences », lâche, cinglant, Richard Attias. « Le seul qui commande ici, c'est moi. » Triste fin de carrière.

Le carnet d'adresses de Patrick Stefanini, directeur de campagne de François Fillon

Un autre grand commis de l'État encore, récemment à la retraite, a pantouflé dans le lobbying. Ce conseiller d'État honoraire est l'un des meilleurs connaisseurs des arcanes de la droite. Directeur de la campagne victorieuse de Jacques Chirac en 1995, puis de celle, malheureuse, de François Fillon en 2017, Patrick Stefanini a dirigé les services de la région Île-de-France présidée par Valérie Pécresse. En octobre 2018, il a rejoint Lysios Public Affairs, un cabinet de lobbying qui, d'après son site, « conseille ses clients sur leur environnement législatif, réglementaire et socio-économique, pour les aider à mieux développer leurs activités ». Patrick Stefanini y a retrouvé un autre ancien haut fonctionnaire de droite : le préfet Bertrand Landrieu[1], ancien directeur de cabinet de Jacques Chirac à l'Élysée.

« La Commission de déontologie a étudié mon cas le 13 septembre 2018 et a émis un avis favorable

1. Le préfet Bertrand Landrieu est décédé le 7 décembre 2019.

avec des réserves, me racontait-il un mois plus tard. Je ne peux travailler avec la région Île-de-France, ses cadres et ses élus pendant trois ans à compter de mon départ de cette institution, c'est-à-dire jusqu'au 31 décembre 2019. En outre, en tant qu'ancien rapporteur au Conseil d'État, je n'ai pas le droit de travailler avec certaines personnes physiques et morales dont j'ai eu à connaître les dossiers de contentieux.»

Sur son activité chez Lysios, il dit : «Je fais partie des six ou sept *seniors advisors*. Je n'ai pas de salaire fixe. Ma rémunération dépendra donc des contrats que je rapporterai.» Pourquoi avoir choisi, comme première activité privée, ce secteur controversé du lobbying ? «J'ai plus de soixante-cinq ans. Les entreprises ne recrutent plus à cet âge-là. J'aurais peut-être pu devenir avocat d'affaires comme certains de mes collègues du Conseil d'État, mais, à mon âge, je n'avais pas le temps de me bâtir une clientèle. Et je dois dire que je n'ai pas non plus envie de mener une vie de chien.»

Autrement dit, le plus simple pour lui est de vendre non pas sa connaissance du droit, qu'il lui faudrait mettre à jour, mais son carnet d'adresses, qu'il lui suffit d'ouvrir… Depuis le 1er janvier 2020, sa nouvelle vie est d'autant plus aisée que Patrick Stefanini peut désormais contacter qui il veut, notamment à la région Île-de-France dont il a dirigé les équipes pendant plus de deux ans et dont il connaît si bien la présidente.

La rapide reconversion d'un conseiller de François Hollande

Enfin, il y a le cas de Nicolas Maccioni, un fils de préfet, qui fut conseiller politique à l'Élysée sous François Hollande et qui, après l'élection d'Emmanuel Macron, est devenu, du jour au lendemain, directeur des affaires institutionnelles, donc lobbyiste, d'Akuo Energy, une grosse PME française qui installe éoliennes et panneaux photovoltaïques partout en France.

Ce juriste de trente-cinq ans est un ami de Thomas Hollande, avec lequel il a fondé en 2007 la Ségosphère, le réseau social de la candidate de la gauche à l'élection présidentielle. Après la défaite, il entre dans le cabinet de lobbying ESL Network, dirigé par Alexandre Medvedowsky, un ancien du Conseil d'État, lui aussi membre du Parti socialiste. Il y reste cinq ans. Quand le père de son ami s'installe à l'Élysée en mai 2012, il rejoint le cabinet de la ministre de la Fonction publique et de la Décentralisation, Marylise Lebranchu. Trois ans plus tard, alors qu'il a tout juste trente ans, il serait, selon mes sources, rémunéré 150 622 euros net par an[1], un salaire particulièrement élevé pour un conseiller ministériel. « Tant que ça ?

1. Source confidentielle de l'auteur. M. Maccioni a refusé de confirmer ou d'infirmer cette information, estimant qu'elle est une « donnée personnelle ». Il précise : « les rémunérations des membres

s'exclame Marylise Lebranchu. En fait ce n'est pas moi qui ai négocié son salaire, mais mon directeur de cabinet[1]. »

En 2016, François Hollande l'appelle à ses côtés comme conseiller multicarte. Il s'agit de préparer une éventuelle candidature à un second mandat.

Il quitte l'Élysée le 14 mai 2017 et, deux semaines plus tard, le 1er juin, il se retrouve chez Akuo Energy comme directeur des affaires publiques France. Comme d'habitude, la Commission de déontologie donne son blanc-seing en quelques heures en interdisant seulement à Nicolas Maccioni de rencontrer, jusqu'au 12 février 2019, les anciens des cabinets qu'il a fréquentés et qui seraient encore en poste au même endroit[2]. Rien n'est dit en revanche sur les élus qu'il a pu rencontrer lorsqu'il était à l'Élysée ou au ministère de la Décentralisation. Ni sur les anciens ministres de François Hollande.

Le 22 février 2019, Nicolas Maccioni accompagne le P-DG d'Akuo chez la ministre des Outre-mer Annick Girardin. C'est écrit sur son agenda officiel. Ils se retrouvent le 16 juillet pour visiter le siège de la société. Or Annick Girardin a été ministre sous François Hollande et elle a même remplacé Marylise

---

de cabinet étaient validées par le cabinet du Premier ministre et les services du SGG». E-mail à l'auteur du 5 septembre 2019.

1. Entretien avec l'auteur, le 18 septembre 2018.
2. Avis n° 17E1767 du 2 juin 2017.

Lebranchu à la fonction publique. Nicolas Maccioni soutient que ces rencontres ne soulèvent aucune question déontologique. « Sur mes fonctions actuelles au sein de l'entreprise Akuo Energy : je ne vois dans l'exercice de ces fonctions aucune source de conflit d'intérêts », écrit-il, serein[1].

A-t-il vu des conseillers ministériels ? Il est impossible de le savoir puisqu'ils ne sont pas tenus de tenir un registre public des visites de lobbyistes. Au cours de la discussion de la loi sur la fonction publique, le député ex-LREM Matthieu Orphelin a déposé, le 7 mai 2019, un amendement dans ce sens. Dans l'exposé des motifs, il écrit : « Les hauts fonctionnaires en charge de la préparation des projets de loi et des décisions publiques sont amenés à rencontrer des représentants d'intérêts. Ces rencontres sont utiles à la "fabrique" des décisions publiques, mais elles doivent être davantage transparentes : les citoyens doivent pouvoir comprendre comment s'organisent les interactions entre [les entreprises privées] et les responsables publics. Il est donc souhaitable que les directeurs d'administrations centrales publient en données ouvertes leurs rencontres avec des représentants d'intérêts (comme c'est déjà le cas pour les hauts fonctionnaires de la Commission européenne). » Et il propose donc que « les directeurs d'administrations centrales » publient en ligne

1. E-mail à l'auteur du 5 septembre 2019.

« leurs réunions avec des représentants d'intérêts ». Ce qui semble aller de soi aujourd'hui. L'amendement a pourtant été repoussé.

Macron et les lobbyistes du vin

Il faut dire que, au sommet de l'État, on considère qu'entre lobbying et action publique, la frontière ne doit pas forcément être étanche. Emmanuel Macron a recruté Audrey Bourolleau comme conseillère agriculture à l'Élysée, alors qu'elle était précédemment déléguée générale de Vin et Société, principal lobby de la profession viticole. Les observateurs politiques considèrent d'ailleurs qu'elle a joué un rôle important dans les multiples déclarations du Président favorables au secteur : « Moi, je bois du vin le midi et le soir, a-t-il confié très publiquement en février 2018. Je crois beaucoup à la formule de Georges Pompidou « N'emmerdez pas les Français » et il a insisté : « Tant que je serai président, il n'y aura pas d'amendement pour durcir la loi Évin. »

Édouard Philippe, on le sait, a pratiqué le métier de lobbyiste. Il ne faut donc pas s'étonner de certains de ses choix. Pour le concours 2019 de l'ENA, école qui dépend de Matignon, son cabinet a décidé que le jury d'entrée serait présidé par une personnalité du secteur privé. L'idée semble plutôt bonne, même si on peut se demander pourquoi une institution chargée de former des hauts fonctionnaires ne continue pas à faire appel à de grands commis de l'État pour sélectionner ses élèves. Encore faut-il que la personnalité en question représente les qualités du secteur privé. Un grand entrepreneur, par exemple, qui, à partir de rien, a développé une activité et créé des centaines ou des milliers d'emplois. Ce n'est pas le profil qui a été retenu par Matignon.

La présidente du jury 2019 de l'ENA s'appelle Isabel Marey-Semper. Cette scientifique travaillait pour L'Oréal. Où elle était directrice des affaires publiques. Comme si, pour les rétropantoufleurs qui nous gouvernent, le seul secteur privé digne d'intérêt était cette minuscule zone grise entre l'action politique et l'entreprise où ils naviguent comme des poissons dans l'eau – en un mot : le lobbying ! – et non le vaste territoire de l'initiative individuelle et de la création de richesse.

9

L'avenir radieux du pantouflage

Comment mettre un terme à ces dérives ? Députés et sénateurs demandent, depuis des années, la refonte de tout le système d'autorisation des pantouflages en vue de le durcir. Mais la haute administration freine des quatre fers.

Depuis l'affaire Pérol, l'establishment politico-économique sait que la Commission de déontologie de la fonction publique, créée en 2007, est une passoire[1]. Il faut dire qu'elle souffre, dès l'origine, de si nombreuses déficiences que l'on peut se demander si son manque d'efficacité n'a pas été voulu, planifié, par les pouvoirs publics de l'époque.

La liste de ses handicaps congénitaux est impressionnante. La voici : 1) son rattachement à Matignon compromet son indépendance ; 2) sa composition laisse planer un doute sur sa rigueur : ses membres sont presque tous issus des grands corps de l'État,

1. Voir également Vincent Jauvert, *Les Intouchables d'État*, *op. cit.*

autrement dit, ils sont à la fois juges et parties; 3) son champ est très réduit : elle ne peut donner un avis négatif que si l'aspirant pantoufleur avait un lien direct avec l'entreprise qui veut l'embaucher; s'il était en charge au sein de l'État du même secteur que cette société (la banque, l'automobile...), cela n'est pas suffisant pour que la commission interdise le recrutement; 4) elle n'a aucune capacité d'enquête ni accès aux données sur le patrimoine des pantoufleurs; 5) quand elle émet des réserves, elle n'a pas les moyens de les faire appliquer. Voici donc les cinq raisons pour lesquelles elle n'est, le plus souvent, qu'un tigre de papier – un alibi... Et pourquoi les grands commis de l'État l'ont défendue bec et ongles.

C'est en 2016 que la guerre à ce sujet entre le Parlement et la haute administration commence. Le cadre : la discussion de la loi dite Sapin 2 sur la lutte contre la corruption. Une sénatrice UMP du Rhône, Catherine Di Folco, propose un premier pas, une fusion partielle de cette commission avec la Haute Autorité pour la transparence de la vie publique, jugée plus indépendante, plus rigoureuse et disposant de plus de moyens.

La ministre des fonctionnaires, Marylise Lebranchu, refuse. Elle redoute cette indépendance, cet œil extérieur. Elle affirme, contre toute évidence, que « la commission est un vecteur important afin que la déontologie irrigue complètement la fonction publique » et qu'il faut donc la conserver. Pourtant, après moult débats, le texte de la sénatrice Di Folco est adopté et inclus dans la loi Sapin 2, adoptée le 8 novembre 2016. Mais cette victoire, même partielle, sera de courte durée.

Un mois plus tard, le Conseil constitutionnel retoque cet amendement. Il invoque une prétendue « inintelligibilité ». La raison exposée est très technique. En gros, les Sages arguent que, selon la façon dont on l'interprète, l'une ou l'autre de ces institutions partiellement fusionnées pourrait être compétente dans certains cas. De l'avis général, ce motif, bien mince, n'est qu'un alibi. Un prétexte déniché par les juristes de la cour suprême pour garder la passoire intacte.

C'est le point de vue de Thomas Perroud, professeur à l'université Panthéon-Assas. Auditionné en mai 2018 par une commission d'enquête du Sénat[1], ce spécialiste de droit public est particulièrement sévère. « Mes travaux sur le pantouflage établissent que la plus haute juridiction de notre pays, le Conseil constitutionnel, s'est opposée à une initiative du législateur visant à encadrer le phénomène sur des motivations scandaleuses, inexistantes et sans base constitutionnelle avérée. » Il en tire une conclusion

1. Cette commission d'enquête sur les mutations de la haute fonction publique a auditionné l'auteur à propos de son livre *Les Intouchables d'État* le 17 mai 2018.

grave. « Ce constat, tempête-t-il, met en exergue la vulnérabilité de nos institutions au pantouflage, qui ne disposent pas des moyens d'y résister. »

« Pourquoi n'interdirions-nous pas les départs dans le privé ? » demande, du coup, un autre spécialiste devant cette même commission sénatoriale. Il s'appelle Marc-Olivier Baruch et ce n'est pas vraiment un gauchiste. Polytechnicien et énarque, il a choisi d'étudier l'histoire de la haute administration, notamment sous Vichy.

Il explique pourquoi il est favorable à un mur totalement étanche entre le secteur public et le monde des affaires : « Certes ce n'est pas dans l'air du temps. Mais le général de Gaulle parlait de la plus haute fonction dans l'ordre temporel. Et on ne propose pas à un évêque de diriger les ressources humaines d'une grande banque ! Pour supprimer le conflit d'intérêts, privilégions l'intérêt public pur. »

Par nature, sans doute, les sénateurs ne sont pas aussi radicaux, mais ils veulent, une nouvelle fois, comprendre pourquoi la Commission de déontologie est aussi peu efficace. Ils convoquent son président, Roland Peylet, que le rapporteur de la commission d'enquête, Pierre-Yves Collombat, passe sur le gril. Leurs échanges disent tout de l'urgence d'un changement.

« La moitié de vos décisions positives sont assorties de réserves. Contrôlez-vous l'application de celles-ci ? demande le sénateur Collombat.

— La commission n'est pas armée pour faire ces contrôles et ce n'est pas sa mission, répond Roland Peylet.

— À quoi servent donc ces réserves ?

— Lorsqu'un agent est en faute, il revient à son administration de le surveiller et, le cas échéant, de prononcer des mesures disciplinaires, voire de signaler le cas au procureur de la République. Nous ne disposons pas de moyens de police, quand bien même un texte nous en donnerait le pouvoir.

— Cela fait beaucoup, la moitié. Si personne ne vérifie qu'elles sont respectées... Concrètement, l'administration assure-t-elle le suivi de la mise en œuvre ?

— Nous n'avons pas de retours sur nos dossiers. Peut-être pourrions-nous demander aux administrations de faire un rapport ? Sur ce sujet, il y a certainement des progrès à faire. La pénétration de la déontologie au sein de la fonction publique n'est pas si ancienne. [...] Nous avons eu des difficultés avec des autorités administratives indépendantes comme l'Agence du médicament ou l'Agence de sécurité sanitaire. Nous nous sommes faits plus rigoureux dans ce domaine ces derniers temps...

— Et quitter les services fiscaux pour entrer dans un cabinet ayant des activités de conseil dans le domaine des placements exotiques, ce ne serait pas un motif suffisant ?

— La question du soupçon peut se poser. Mais nous ne pouvons pas nous y arrêter. Le texte parle de responsabilités effectivement exercées…

— Ne trouvez-vous pas que c'est un peu court ? Après être parvenu à obtenir une législation favorable à tel ou tel secteur d'activité, devrait-on être autorisé à être nommé à la tête d'un syndicat [professionnel] dudit secteur ?

— On peut en discuter sur le fond. Nous appliquons le droit. »

À l'évidence, il faut le changer.

L'occasion se présente au printemps 2019, quand le gouvernement propose une loi sur la fonction publique. Le député LR d'Eure-et-Loir, Olivier Marleix, très sourcilleux, on l'a dit, lorsqu'il est question des dérives de la noblesse d'État, monte au créneau : « Il est urgent de faire évoluer le dispositif en matière de déontologie, lance-t-il. En plus d'un siècle, à peine une dizaine d'affaires liées à des conflits d'intérêts ont donné lieu à des poursuites pour délit de pantouflage. Nous pourrions en faire une lecture très optimiste quant à la situation française, mais aussi concevoir quelque inquiétude sur la largeur des mailles du filet… » Du coup, il demande « la fusion-absorption » de cette Commission de déontologie discréditée par la HATVP, dont « le travail est reconnu ». C'est du bon sens.

Le gouvernement tente une diversion. Il essaye de faire accepter une absorption partielle, proche de celle qui a été retoquée par le Conseil constitutionnel, qui permettrait aux hauts fonctionnaires d'être traités à part. Mais ses arguments sont trop minces. En outre, il y a les Gilets Jaunes, qui ont pris, eux aussi, la noblesse d'État pour cible. Matignon cède.

« Oui, assure le ministre Dussopt, la HATVP traitera des pantouflages des hauts fonctionnaires. Oui, elle devra également suivre l'application concrète des réserves qu'elle aura émises, demander des comptes aux administrations et aux pantoufleurs. Oui, elle s'occupera même des retours dans la fonction publique, le "rétropantouflage". Et disposera de moyens supplémentaires pour faire tout cela. Promis, juré. »

Une victoire pour Olivier Marleix et tous les parlementaires qui se battent en ce sens depuis des années. On aurait pu le croire, tout au moins.

Car là encore la haute fonction publique va réussir, en plein été, quand l'attention est relâchée, à faire obstacle, au moins en partie, à la volonté du législateur. De fait, la loi promulguée le 7 août 2019 est loin d'être aussi stricte qu'annoncé. Elle marque même un recul sur plusieurs points.

D'abord, ce ne sont plus tous les pantouflages qui devront être approuvés. La loi définitive stipule que la HATVP nouvelle formule n'aura à traiter que quelques cas : celui du passage dans le privé des agents publics « occupant des emplois dont le niveau hiérarchique ou la nature des fonctions le justifient». Qui précisément? Une liste sera publiée, plus tard, dans un décret pris en Conseil d'État! Autrement dit, le champ d'application réel de la loi sera laissé à la discrétion des hauts fonctionnaires eux-mêmes!

Quant au rétropantouflage, la HATVP n'en sera pas, malgré les promesses, «saisie de manière systématique», ainsi que l'écrit *Mediapart*, qui a déniché l'entourloupe[1].

Et même sur la composition de cette nouvelle HATVP issue de la fusion, les parlementaires de la majorité ont dû céder face aux pressions de Matignon. La plupart des députés tenaient à ce que la Haute Autorité *new look* soit totalement indépendante du pouvoir exécutif. Et que par conséquent le gouvernement n'ait pas le droit de nommer un ou plusieurs de ses membres.

«Le gouvernement étant à la tête de l'administration du pays, il ne me paraît pas souhaitable d'introduire au sein du collège chargé de statuer sur la déontologie de la fonction publique des personnes à sa discrétion, ou, en tout cas, nommées par lui, a notamment souligné la députée MoDem et ancienne magistrate au parquet financier de Paris, Laurence Vichnievsky. Nous créerions ainsi, alors même que nous traitons de déontologie, la possibilité de

1. Laurent Mauduit, «Fonction publique : c'en est fini de la déontologie!», *Mediapart*, 27 septembre 2019.

confusion des genres qui peut ne pas se produire mais vous savez combien l'apparence compte aujourd'hui[1]. »

Olivier Marleix abonde dans son sens : « N'oublions pas que la HATVP est la gardienne de la morale publique que nous prétendons réformer depuis quelques années, lance-t-il. Aussi est-il très important de s'assurer que sa composition soit elle aussi au-dessus de toute suspicion. La Haute Autorité vérifie la déclaration de patrimoine du président de la République, celle des membres du gouvernement, celles des membres du Parlement. Il paraît donc évident que ses membres ne sauraient être nommés par le gouvernement lui-même. »

Ces arguments de bon sens sont balayés par le secrétaire d'État Olivier Dussopt : le gouvernement « souhaite que l'exécutif puisse nommer deux personnalités qualifiées sur six, dit-il. Cela se justifie, à nos yeux, par le fait que le Premier ministre est le chef de l'administration et que cette Haute Autorité a vocation à examiner la situation des hauts fonctionnaires ».

Avant de préciser que « certains » députés « estiment que le gouvernement ne peut pas nommer des personnalités qualifiées au motif que la Haute Autorité va examiner la situation de hauts fonctionnaires placés sous son autorité. Toutefois, on accepte

1. Discussion de la loi le 17 mai 2019 à l'Assemblée nationale.

que le Parlement désigne des représentants au sein de la Haute Autorité, lesquels contrôlent, comme pour les fonctionnaires, le respect de l'obligation de transparence et le patrimoine des parlementaires». Et sur cet argument très fragile, il obtient de la majorité LREM à l'Assemblée que le gouvernement nomme, outre le président de la HATVP, deux personnalités qualifiées.

Sur un autre point crucial, le gouvernement fait aussi obstacle à une proposition décisive. Olivier Marleix le présente ainsi : «En février 2007, juste avant l'élection présidentielle – un contexte propice à l'adoption de dispositions assouplissant les obligations déontologiques, parce que les parlementaires ont alors d'autres préoccupations – une disposition de loi est venue modifier le Code pénal : pour qu'il y ait prise illégale d'intérêts, les personnes concernées doivent avoir "effectivement exercé" les "fonctions de contrôle" sur les entreprises dans lesquelles un haut fonctionnaire pantoufle.» Il propose un amendement visant à supprimer cette notion de contrôle effectif bien trop restrictive.

Mais le gouvernement ne veut surtout pas de cette extension de la notion de prise illégale d'intérêts, qui, à elle seule, pourrait freiner radicalement le pantouflage !

La députée socialiste Cécile Untermaier vient à la rescousse de son collègue de droite. «J'ignorais tout de cette mesure scélérate prise en 2007, lance-t-elle, et qui est venue réduire de façon inopportune le champ de la prise illégale d'intérêts.» Même la députée MoDem du Puy-de-Dôme, Laurence Vichnievsky, soutient, elle aussi, l'amendement Marleix. Mais la proposition est repoussée.

L'infatigable député Marleix tente autre chose. «Toujours avec l'objectif de réduire, pour les personnes se rendant coupables d'une prise illégale d'intérêts, le risque d'être sanctionnées à ce titre, raconte-t-il, la loi de 2007 que j'ai évoquée précédemment a fait passer de cinq à trois ans le délai pendant lequel un fonctionnaire ne peut exercer une activité dans une entreprise dont il aurait eu le contrôle.»

Il ajoute, goguenard : «Il semble que l'on ait voulu permettre aux personnes concernées de pouvoir retourner pantoufler au plus vite, ce qui en dit long en termes de morale publique... Je rappelle que, quand on prend une décision au nom de l'État ou d'une collectivité, on doit la prendre en pensant uniquement à l'intérêt général, et non à l'argent qu'on va gagner en allant ensuite pantoufler au sein d'une entreprise avec laquelle on a eu des liens.» Puis il dit : «Je propose par conséquent de rétablir la durée de cinq ans.» Mais là encore le gouvernement fait barrage. L'amendement est repoussé.

La justification avancée devant les députés par le secrétaire d'Etat à la fonction publique, l'ex-socialiste Olivier Dussopt, est à peine croyable : «Le fait de retenir une durée trop longue pose un problème d'attractivité. Si on souhaite que des fonctions exposées – je pense par exemple à la direction d'une administration centrale – soient occupées par des fonctionnaires du meilleur niveau, il faut donc leur permettre d'exercer ensuite dans le même secteur, celui où ils excellent, dans un délai raisonnable car, à défaut, on risque que ces postes n'attirent que des personnels en fin de carrière.»

À entendre le ministre, les cadres supérieurs d'un certain âge sont, par essence, incompétents ; et la carrière des jeunes hauts fonctionnaires est un sujet bien plus important que la lutte contre les conflits d'intérêts.

Un nouveau monde, en effet.

Le gouvernement Philippe refuse aussi, avec force, de restreindre le pantouflage dans le lobbying ou la banque. Des parlementaires – de droite et de gauche – ont en vain déposé plusieurs propositions de décret allant dans ce sens.

Il faut dire que le recrutement par Google de l'ancien directeur général de l'Arcep, l'autorité de régulation des communications, Benoît Loutrel, a particulièrement choqué la représentation nationale. Du coup, la sénatrice centriste Catherine Morin-Desailly a, en juin 2019, proposé que la HATVP puisse s'opposer à ce genre de transfert au nom de la défense des intérêts économiques de la nation. «Il y a urgence, lance-t-elle en commission, à établir un cordon sanitaire entre les grands corps de l'État et les entreprises privées. Il en va de notre souveraineté et de la protection de nos intérêts.» C'est d'autant plus urgent, martèle-t-elle, qu'«il semble régner au sein des hautes sphères de l'État une sorte de connivence vis-à-vis des géants de l'Internet». Bien que ce point de vue soit de plus en plus partagé, l'exécutif refuse cet amendement.

Le sénateur socialiste Didier Marie propose, lui, d'«interdire à tout agent public quittant la fonction publique d'exercer pendant un délai de trois ans une activité de conseil qui a trait directement ou indirectement aux missions de service public attachées à ses anciennes fonctions». Autrement dit, interdire aux hauts fonctionnaires de faire du lobbying auprès de leurs anciens collègues. Là encore, cela semble du bon sens. D'autant que la France est, en la matière, la mauvaise élève de l'Occident. «Il s'agit d'un problème structurel à notre pays, qui est le seul à connaître une telle perméabilité entre les intérêts privés et les intérêts publics, explique le parlementaire. L'Organisation de coopération et de développement économiques, l'OCDE elle-même, s'en est inquiétée il y a quelques années dans un rapport.» Selon cette organisation, rapporte-t-il, «les relations proches entre, d'un côté, les régulateurs et le pouvoir politique et, de l'autre, l'industrie de la finance et ses lobbyistes, sont alimentées par le recyclage régulier de personnel entre ces deux univers» et «s'attaquer aux portes tournantes constitue le début d'un processus indispensable afin de restaurer la confiance des citoyens dans le système politique et le fonctionnement des marchés financiers». Pourtant, là encore, l'exécutif oppose un *niet*.

Un autre parlementaire, socialiste cette fois, le sénateur Jérôme Durain, propose, lui, d'interdire le pantouflage des hauts responsables de la direction du Trésor dans les banques. En juin 2019, il propose un amendement dans ce sens. Son long argumentaire est limpide.

«Nous proposons, au travers de cet amendement, de mettre un terme à un type de pantouflage qui, depuis la crise financière de 2008, laisse planer un doute sur l'impartialité d'une partie des hauts cadres de la fonction publique, explique-t-il. On ne peut être chargé de surveiller un système bancaire qui a créé une des plus grandes crises depuis celle de 1929 et envisager de poursuivre sa carrière professionnelle dans une des banques faisant l'objet de cette surveillance. On ne peut conseiller les décideurs politiques sur les conséquences de la mise en œuvre de contraintes supplémentaires en matière de gestion du risque systémique du secteur bancaire et penser pouvoir aider ultérieurement une banque à s'émanciper de ces contraintes. On ne peut mettre en œuvre la surveillance fiscale des flux financiers et imaginer conseiller, dans le futur, une des institutions surveillées. En clair, nous devons définitivement lever le doute sur l'impartialité de hauts fonctionnaires du ministère des Finances qui pourraient envisager de monnayer leurs compétences dans un secteur d'activité qui reste un secteur à risque pour notre économie. »

Comment ne pas être d'accord ? Pourtant là encore, le gouvernement Philippe a dit non.

Notons enfin que si cette interdiction de pantouflage dans les banques avait été en place en 2008, Emmanuel Macron n'aurait pas pu entrer chez Rothschild.

Remerciements

Ce n'est pas une figure de style : sans Roman Perrusset, mon éditeur, ce livre n'aurait jamais vu le jour. Malgré les aléas de la vie, il a toujours été là pour m'aider. Merci, mon ami.

Merci à Salomé Viaud qui y a jeté un œil neuf, précis et bienveillant.

Merci évidemment à Valérie Robe qui sait si bien choisir les mots-parapluie…

Merci à mon frère, Daniel, dont les remarques ont été si judicieuses.

Merci à mon ami Henri qui sait décrypter un texte mieux que personne, avec gentillesse et diplomatie.

Merci évidemment à Tania pour la précision de sa relecture. Et pour tout le reste.

Table

La photocomposition de cet ouvrage
a été réalisée par
GRAPHIC HAINAUT
30, rue Pierre-Mathieu
59410 Anzin

FSC
www.fsc.org
MIXTE
Papier issu de
sources responsables
FSC® C003309

L'Éditeur de cet ouvrage s'engage
pour la préservation de l'environnement
et utilise du papier issu de forêts gérées de manière responsable.

Imprimé en France par CPI
en décembre 2019

N° d'édition : 59685/01 – N° d'impression : 3036948